MYTHOLOGY
WORDSEARCH

MYTHOLOGY WORDSEARCH

LEGENDARY PUZZLES

SIRIUS

SIRIUS

This edition published in 2024 by Sirius Publishing, a division of
Arcturus Publishing Limited,
26/27 Bickels Yard, 151–153 Bermondsey Street,
London SE1 3HA

ISBN: 978-1-3988-4501-5
AD012078NT

Printed in China

Contents

Monsters

- ◊ AMPHISBAENA
- ◊ CENTAUR
- ◊ CERBERUS
- ◊ CHARYBDIS
- ◊ CHIMERA
- ◊ CYCLOPES
- ◊ DAEMONS
- ◊ GRIFFIN
- ◊ HIPPOCAMPUS

- ◊ HYDRAS
- ◊ KERES
- ◊ MEDUSA
- ◊ MINOTAUR
- ◊ OGRE
- ◊ PHOENIX
- ◊ SATYRS
- ◊ SCYLLA
- ◊ TYPHON

F G N D A T R T D Y E G C
C E A O B R T O K E R E S
D R L B H S E G I I M N O
R G L S K P B M F N S F T
U O Y D I D Y F I E I A D
A P C C F D I T P H N A S
T H S R E N B O D E C S G
O O D A D R L Y A B A U D
N E C L T C B B R R U D A
I N P E Y Y S E D A D E E
M I T C N I R Y R F H M M
W X R U H T H S B U R C O
H I P P O C A M P U S C N
K G M P F S U U G S B P S
N A L K Y S L D R B T B C

Circle

◆

- ◊ AEAEA
- ◊ ARDEAS
- ◊ ATHENA
- ◊ ENCHANTRESS
- ◊ GODDESS
- ◊ HELIOS
- ◊ HERMES
- ◊ HOMER
- ◊ LATINUS

- ◊ LIONS
- ◊ ODYSSEUS
- ◊ PERSE
- ◊ PICUS
- ◊ PIGS
- ◊ RHOMOS
- ◊ SCYLLA
- ◊ TELEGONUS
- ◊ WOLVES

H	D	D	M	D	H	H	Y	S	S	E	F	S
A	E	A	E	A	E	G	U	E	N	U	K	U
N	W	D	Y	L	U	E	M	C	Y	C	S	C
F	N	Y	I	T	S	R	H	A	G	V	U	I
O	L	O	P	S	E	A	C	O	U	R	N	P
R	S	I	Y	H	N	L	D	O	I	P	I	D
D	G	D	T	T	S	D	E	M	E	B	T	V
S	O	A	R	D	E	A	S	G	S	N	A	R
M	S	E	L	S	T	W	P	K	O	H	L	F
F	S	F	S	H	K	O	S	B	M	N	L	O
S	K	G	E	H	A	L	C	S	O	G	U	G
E	G	N	O	B	I	V	Y	T	H	U	A	S
Y	A	M	V	O	L	E	L	R	R	S	F	U
A	E	W	N	H	D	S	L	P	E	R	S	E
R	C	S	Y	M	H	K	A	D	C	P	A	M

3   From *Stories of Greek Gods, Heroes and Men* by Caroline and Samuel Harding, 1906

◆

Although the old <u>Greeks</u> did not know anything of electric <u>lights</u> and <u>steam</u> engines, and ate the plainest <u>food</u>, and wore the <u>simplest</u> of woollen clothing, they were not at all a <u>rude</u> or <u>savage</u> people. In their <u>cities</u> were fine buildings, and <u>pictures</u>, and <u>statues</u> so <u>beautiful</u> that we can never <u>hope</u> to make better ones. And they had <u>lovely</u> thoughts and <u>fancies</u>, too, for all the <u>world</u> about them. When they saw the sun <u>rise</u>, they thought that it was a <u>great</u> being called a <u>god</u>, who came up out of the sea in the <u>east</u>, and then <u>journeyed</u> across the <u>sky</u> toward the <u>west</u>. When they saw the <u>grass</u> and <u>flowers</u> springing up out of the <u>dark</u> cold <u>earth</u>, they fancied that there must be another god who made them <u>grow</u>. They imagined that the <u>lightning</u> was the <u>weapon</u> of a mighty god, who ruled the earth and sky. And so they <u>explained</u> everything about them, by <u>thinking</u> that it was <u>caused</u> by some <u>being</u> much greater than <u>themselves</u>.

```
G N I K N I H T E D T G G
S T A T U E S A O S R N J
G N I E B S Y O K E I G O
O S S X Y T F Y A N K R U
D R E P L E S T T F R E R
W E V L E A H H T R A E N
E W L A V M G O F U D K E
A O E I O I F R P D S S Y
P L S N L C H A O E T I E
O F M E W E A R N W H M D
N O E D A O G U O C G P E
A Y H S D G R A S S I L W
C I T I E S F L V E L E E
P I C T U R E S D A D S S
L U F I T U A E B C S T T
```

4   Jason and the Argonauts – Part One

◊ ACASTUS

◊ ADMETUS

◊ AESON

◊ ATALANTA

◊ CHIRON

◊ DANTE

◊ DRAGON TEETH

◊ FIRE-BREATHING OXEN

◊ HERCULES

◊ IDMON

◊ NYMPH

◊ PHILOCTETES

◊ QUEST

◊ SKELETON WARRIORS

◊ STYMPHALIAN BIRDS

◊ THESSALUS

◊ TIPHYS

◊ VOYAGE

```
L T E C H N F O I Y W D F
D W A R R I O R S D Y G W
A N U F R S T S H Y M I A
N A I F V U I T E D L O T
T I S R V T P M R A I S N
E L V T R E H K C S L E A
H A S O W M Y D U C S T L
H H A U Y D S T L H E E A
T P D S L A S L E I O T T
S M M C R A G H S R N C A
E Y L Y C O S E U O S O S
U T Y A N O F S G N P L R
Q S W F X Y N A E M W I M
U U C E M P R N K H E H U
V C N N T D N T C N T P W
```

◊ BLESSINGS

◊ CLAY

◊ CURIOSITY

◊ CURSES

◊ DEATH

◊ ELPIS

◊ EVIL SPIRITS

◊ FIRST WOMAN

◊ HEPHAESTUS

◊ HESIOD

◊ HOPE

◊ JAR

◊ MISERY

◊ MISTAKE

◊ PAIN

◊ PITHOS

◊ STORY OF EVE

◊ SUFFERING

M	P	P	S	U	T	S	E	A	H	P	E	H
M	S	T	I	R	I	P	S	L	I	V	E	O
W	G	O	N	O	S	A	T	P	A	B	S	T
G	N	L	M	Y	O	I	D	O	I	S	E	H
R	I	W	L	F	H	N	M	I	S	E	R	Y
C	S	F	M	A	T	S	C	L	A	Y	G	R
U	S	U	I	K	I	G	M	N	A	S	G	S
R	E	Y	F	R	P	I	B	M	I	S	B	E
I	L	F	B	F	S	R	H	R	K	V	R	S
O	B	S	H	T	E	T	T	Y	A	U	P	R
S	P	L	A	S	A	R	W	H	O	P	E	U
I	A	K	W	E	I	V	I	O	E	N	K	C
T	E	M	D	J	M	P	M	N	M	O	D	T
Y	S	V	A	A	B	D	L	O	G	A	B	N
R	S	T	O	R	Y	O	F	E	V	E	N	E

6   On the golden age from *Old Greek Stories* by James Baldwin, 1895

◆

Jupiter and his Mighty Folk had not always dwelt amid the clouds on the mountain top. In times long past, a wonderful family called Titans had lived there and had ruled over all the world. There were twelve of them — six brothers and six sisters — and they said that their father was the Sky and their mother the Earth. They had the form and looks of men and women, but they were much larger and far more beautiful.

The name of the youngest of these Titans was Saturn; and yet he was so very old that men often called him Father Time. He was the king of the Titans, and so, of course, was the king of all the earth besides. Men were never so happy as they were during Saturn's reign. It was the true Golden Age… nobody had to do any kind of work in that happy time. There was no such thing as sickness or sorrow or old age.

Nobody was poor, for everybody had the same precious things – the sunlight, the pure air, the wholesome water of the springs, the grass for a carpet, the blue sky for a roof, the fruits and flowers of the woods and meadows. When these happy people had lived long enough they fell asleep, and their bodies were seen no more. What a pity it is that this Golden Age should have come to an end! But it was Jupiter and his brothers who brought about the sad change.

```
S T H G I L N U S L H K C
S I C K N E S S P O O R L
A G C I C H A N G E V O O
R T A S I L A R G E R W U
G B R O U G H T K I S H D
Y P P A H O M W O M E N S
S R E G K E I P H A I R E
M R T N A I E C R M D W L
J F E D E E N T E F O S P
X U O T L T H G D R B E O
I W P S S R F H R U P M E
S V A I N I O O E I F I P
C N R U T A S W T T O T I
T W E L V E M V A S L F T
T I T A N S R E W S K Y Y
```

◊   ABANDONED

◊   AEGEUS

◊   ARGONAUTS

◊   COLCHIS

◊   DIVINE AGENT

◊   ENDED FAMINE

◊   FIFTEEN CHILDREN

◊   FILICIDE

◊   FLYING CHARIOT

◊   FORCE OF NATURE

◊   GOLDEN FLEECE

◊   JASON

◊   MAGIC HERBS

◊   PELIAS

◊   REVENGE

◊   WITCH

◊   WOMAN SCORNED

◊   YOKED DRAGONS

N	P	K	N	E	T	O	I	R	A	H	C	L
C	C	G	I	O	G	P	K	H	A	F	M	H
T	H	D	S	D	S	F	V	B	N	L	K	W
K	U	I	T	I	A	A	A	E	G	E	U	S
M	T	V	L	M	H	N	J	F	D	N	C	F
A	L	I	I	D	D	C	F	O	T	I	N	E
U	W	N	H	O	R	D	L	D	V	G	D	A
F	E	E	N	U	R	E	V	O	G	I	R	D
S	F	E	S	A	C	S	N	R	C	G	H	E
H	D	K	G	E	A	S	E	I	O	N	C	N
U	O	O	E	I	S	V	L	N	A	K	T	R
W	N	L	L	M	E	I	A	T	B	E	I	O
S	F	E	A	N	F	U	U	P	H	D	W	C
Y	P	E	G	R	T	R	S	B	R	E	H	S
H	G	E	F	S	E	R	A	S	T	I	O	T

8 Passage on Rhea's children from *A Book of Giants: Tales of Very Tall Men of Myth, Legend, History, and Science* by Henry Wysham Lanier, 1922

◆

We think of Zeus as the mightiest god of Greece… But the beginnings of this vast deity were in darkness and danger. True, the reign of his father Kronos was that Golden Age when, in the fresh morning of the world… Yet amid this charming serenity Kronos could never forget the curse of his father Uranus whom he had overthrown, and the prophecy that he himself should in his turn be cast down by his own children. Wherefore being resolved to defeat that prophecy, he swallowed each child his wife Rhea brought forth, as soon as it was born. When Rhea had thus lost five babes — Hestia, Demeter, Hera, Hades and Poseidon — and knew herself about to bear yet another, she made her prayer to Uranus, her ancient sire, imploring counsel and aid.

```
O K S G N I N N I G E B P
D A N G E R E S R U C Y O
P B E M I G H T I E S T S
R A Z N E D L O G H S I E
O B N E R D L I H C U N I
P E C O U N S E L K N E D
H S A I T S E H R W A R O
E T N N R F E O O E R E N
C E O P E R N R H F U S S
Y G T R A O H R C I G I D
W R H A S T S U S W R E E
O O E Y R E T E M E D T I
R F R E S H N O O S D S T
L W V R E S O L V E D A Y
D O S W A L L O W E D C H
```

- ◊ <u>ANDROGEUS</u>
- ◊ <u>ARIADNE</u>
- ◊ BALL OF <u>STRING</u>
- ◊ <u>BULL</u>
- ◊ <u>CRETE</u>
- ◊ <u>GLAUCUS</u>
- ◊ KING <u>AEGEUS</u>
- ◊ <u>KNOSSOS</u>
- ◊ <u>LABYRINTH</u>

- ◊ <u>PHAEDRA</u>
- ◊ QUEEN <u>PASIPHAE</u>
- ◊ <u>SCYLLA</u>
- ◊ SEVEN <u>VIRGINS</u>
- ◊ <u>MINOTAUR</u>
- ◊ <u>THESEUS</u>
- ◊ <u>TYRANT</u>
- ◊ UNDERWORLD <u>JUDGE</u>
- ◊ <u>WOODEN COW</u>

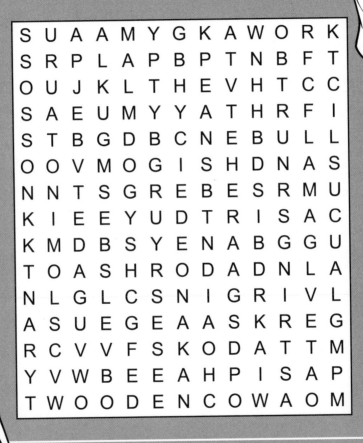

```
S U A A M Y G K A W O R K
S R P L A P B P T N B F T
O U J K L T H E V H T C C
S A E U M Y Y A T H R F I
S T B G D B C N E B U L L
O O V M O G I S H D N A S
N N T S G R E B E S R M U
K I E E Y U D T R I S A C
K M D B S Y E N A B G G U
T O A S H R O D A D N L A
N L G L C S N I G R I V L
A S U E G E A A S K R E G
R C V V F S K O D A T T M
Y V W B E E A H P I S A P
T W O O D E N C O W A O M
```

◆

ACONTIUS AND CYDIPPE

ALCYONE AND CEYX

APHRODITE AND ADONIS

APOLLO AND DAPHNE

BAUCIS AND PHILEMON

CLYTIE AND HELIOS

CUPID AND PSYCHE

DIDO AND AENEAS

HERACLES AND HEBE

HERO AND LEANDER

IPHIS AND IANTHE

NARCISSUS AND ECHO

ODYSSEUS AND PENELOPE

ORPHEUS AND EURYDICE

PERSEUS AND ANDROMEDA

PYGMALION AND GALATEA

PYRAMUS AND THISBE

ZEUS AND HERA

```
Y L A G K U S U E H P R O
T O L S U E S S Y D O D V
P E R S E U S C T P I U N
E N O Y C L A L Y D S U E
H A V D Y U U Y I M E S T
R I V E S G P T H Y L S I
Z H F D S U D I T G C U D
O E L U T S I E D I A S O
L H U H U I O T P H R S R
L E U S H R S H N O E I H
O A S P E N I M U O H C P
P F W H Y S C O I C C R A
A P Y R A M U S Y H T A N
H N P Y G M A L I O N N U
U B S Y M G B Y S K I M L
```

11   The World of the Dead from *Greek and Roman Mythology* by Jessie M. Tatlock, 1917

In the place of torment, Tartarus, were those Titans whom Zeus had overthrown, the rebellious giants, and wicked men who here paid the penalty for their crimes against the gods. Impious Ixion for his inhuman cruelties was bound to a fiery wheel and racked and torn by its swift revolutions. Sisyphus, who tried to cheat even Death, must forever roll up-hill a heavy stone, which ever rolled down. Tantalus, who abused the hospitality of the gods, ever tortured by hunger and consuming thirst, tried vainly to reach fruits hung just above his head, or stooped to drink the water which always eluded his parched lips. From this comes our word tantalise. The 49 daughters of Danaus, who had murdered their husbands, hopelessly fetched water in leaky vessels. All the air sounded with groans and shrieks, and the Furies drove the victims who would escape back to their endless torture.

```
T G I A N T S M I T C I V
A E G R O A N S H S U E Z
R S S H I H P I T I S N H
T C U E X R R S A K D D U
A A L A I S W T E N A L N
R P A V T I D I D I N E G
U E T Y F E R E T R A S E
S W N T I H K O U D U S R
D P A R S C R I M E S Y P
N A T T A M F U R I E S E
A R Y R E I F R U I T S N
B C E N E R U T R O T D A
S H T S I S Y P H U S O L
U E S E I T L E U R C G T
H D H O S P I T A L I T Y
```

Icarus

◆

- ◊ BEESWAX
- ◊ CRETE
- ◊ DAEDALUS
- ◊ DROWNED
- ◊ FEATHERS
- ◊ FLYING
- ◊ HELIOS
- ◊ HUBRIS
- ◊ ICARUS

- ◊ KING MINOS
- ◊ MASTER CRAFTSMAN
- ◊ MELTED
- ◊ OVID
- ◊ PLUNGE
- ◊ PROXIMITY
- ◊ THESEUS
- ◊ TRAGEDY
- ◊ WINGS

```
P P Y D E T L E M O N C U
W R D S L B M E W M A L T
F C E U D S Y Y M X M B H
O C G E R O A D A T S R K
E G A S O I V W D D T Y I
Y N R E W L S I A A F T N
P I T H N E D E D Y A I G
L Y U T E H D C K W R M M
U L U B D A P R E K C I I
N F Y C L F T Y H T R X N
G U U U W E F K D A E O O
E P S B K O C F A H T R S
F E A T H E R S O A S P C
S G N I W O B S U R A C I
S I R B U H D S A N M H A
```

13   The Gift of Fire from *Gods and Heroes: Life Stories for Young People* by Ferdinand Schmidt and Carl Frederich Becker (Translator: George P. Upton), 1912

Prometheus pitied [man]. He explained to them the rising and setting of the stars and taught them how to recognize their orbits. He computed for them their numbers, gave them the power of recollection and the gift of writing, that highest of the sciences. He made the ox a useful servant to the race by placing the yoke upon it and harnessing it to the cart. They also learned from him how to build vessels and manage sails. He disclosed the depths of the earth to them with its treasures of iron, silver, and gold… One element of comfortable living, however, was lacking for mankind. It was fire. Prometheus resolved to bring it to them from heaven, but the ruler of the skies ordered him to desist. Watching his opportunity, Prometheus soared aloft, approached the chariot of the sun, and stuck a rod which he carried in his hand in its blazing wheels. Then descending like a falling star, he brought to men the blessing of the fire.

```
T S R A V G H E A V E N D
C N L E L K N T P I L E H
O D A E V O E I S O R A A
R E G V S L F K V A W S N
B P M N R S I T O I N E D
I T A S I E E S R Y L W R
T H N T S Z S V S A H G R
S S K A S R A E R E C N G
T O I R A H C L E A D I N
U G N S I N L L B R E R I
C O D A E R S F M T N B S
K L C I C D O U U H R K I
A D C F I R E N N Z A A R
M S W O H G N I S S E L B
W R I T I N G N I L L A F
```

◇ ALCYONE

◇ APATE

◇ CIRCE

◇ CLIO

◇ EILEITHYIA

◇ HARMONIA

◇ HEBE

◇ HECATE

◇ NEMESIS

◇ NIKE

◇ NYX

◇ PEITHO

◇ PHILOTES

◇ PSYCHE

◇ THALIA

◇ THEMIS

◇ TYCHE

◇ URANIA

```
O E O H V W E H K S V P E
I N H K W E I T E M I N T
R O T T C S L E H B N I A
S Y I I R E E E E A E S P
E C E Y D T I C D M L U A
T L P R C A T Y P E A I O
O A E T Y C H E C F S I A
L D I R G E Y R C N L A I
I N I N T H I W E C I H P
H L D M O C A M Y N O N S
P L F W N M E K A M I Y Y
T H E M I S R R F K U X C
L S A S I D U A E B U N H
D Y W S I I D M H M R E E
W I B G O O R D L U P K Y
```

15   Hymn to Ares from *Hesiod: The Homeric Hymns and Homerica*, translated by Hugh G. Evelyn-White, 1920

♦

Ares, exceeding in strength, chariot-rider, golden-helmed, doughty in heart, shield-bearer, Saviour of cities, harnessed in bronze, strong of arm, unwearying, mighty with the spear, O defence of Olympus, father of warlike Victory, ally of Themis, stern governor of the rebellious, leader of righteous men, sceptred King of manliness, who whirl your fiery sphere among the planets in their sevenfold courses through the aether wherein your blazing steeds ever bear you above the third firmament of heaven; hear me, helper of men, giver of dauntless youth! Shed down a kindly ray from above upon my life, and strength of war, that I may be able to drive away bitter cowardice from my head and crush down the deceitful impulses of my soul. Restrain also the keen fury of my heart which provokes me to tread the ways of blood-curdling strife. Rather, O blessed one, give you me boldness to abide within the harmless laws of peace, avoiding strife and hatred and the violent fiends of death.

```
E C A E P A E T H E R T E
S P E A R E S T R A I N V
P D K S T R I F E L E E I
H T G N E R T S V C V L R
E Z D E H S A D I Z E O D
R D E A T H R D E I R I G
E A R M E I R U M R S V E
S S T L H A W P O E T Z S
H S P T W A U L K C N A T
C E E O Y L Y O R O V K H
R N C S S M V E R I A I E
U D S E P O D B O E F N M
S L S U R A G U L F U D I
H O S P E S R W H I R L S
T B B L A Z I N G L Y Y W
```

The Furies

◆

- ◊ ALECTO
- ◊ BLOOD OF URANUS
- ◊ CHTHONIC GODDESSES
- ◊ CURSES
- ◊ DARKNESS
- ◊ EREBUS
- ◊ ERINYES
- ◊ EUMENIDES
- ◊ FAMINE
- ◊ HADES
- ◊ JUDGEMENT
- ◊ MEGAERA
- ◊ PARRICIDE
- ◊ THE MANIAI
- ◊ TISIPHONE
- ◊ VENGEANCE
- ◊ WHIPS
- ◊ WINGED WOMEN

```
N  S  P  I  H  W  U  G  B  W  S  V  O
E  E  R  S  U  N  A  R  U  C  E  E  Y
S  N  M  C  V  M  L  T  I  O  D  N  S
A  G  O  O  D  N  A  N  O  I  A  G  E
B  L  N  H  W  A  O  N  C  W  H  E  D
M  Y  E  F  P  H  R  I  I  T  T  A  I
A  S  T  C  T  I  R  K  N  A  M  N  N
G  T  E  H  T  R  S  E  N  E  I  C  E
F  S  C  Y  A  O  M  I  G  E  H  E  M
A  V  U  P  N  E  C  A  T  S  S  D  U
M  P  H  B  G  I  E  G  F  E  S  S  E
I  R  E  D  E  R  R  D  G  S  H  D  G
N  V  U  V  A  R  B  E  E  R  K  T  I
E  J  L  S  G  M  E  F  N  U  O  L  M
F  N  T  H  T  M  C  N  A  C  B  R  A
```

17   Apollo and Mercury from *Favourite Greek Myths*
by Lilian Stoughton Hyde, 1904

◆

Apollo, in return for the gift of the wonderful lyre, gave Mercury a golden wand, called the caduceus, which had power over sleep and dreams, and wealth and happiness. At a later time two wings fluttered from the top of this wand, and two golden snakes were twined round it. Besides presenting Mercury with the caduceus, Apollo made him herdsman of the wonderful white cattle. Mercury now drove the fifty heifers back to their pastures. So the quarrel was made up, and the two brothers, Apollo and Mercury, became the best of friends. On a day when the wind is blowing and driving fleecy white clouds before it, perhaps, if you look up, you will see the white cattle of Apollo. But you will have to look very sharp to see the herdsman, Mercury.

Q	R	S	U	E	C	U	D	A	C	E	P	Y
M	E	R	C	U	R	Y	P	O	T	W	A	B
K	W	D	S	H	A	P	P	I	N	E	S	S
E	O	P	R	D	G	L	H	F	I	F	T	Y
Q	P	O	G	O	U	W	Y	R	D	W	U	B
U	N	N	L	N	V	O	Z	R	I	S	R	L
A	S	B	A	N	I	E	L	N	E	H	E	O
R	G	S	R	M	E	T	E	C	I	A	S	W
R	N	F	E	O	S	D	N	E	I	R	F	I
E	I	R	L	D	T	D	L	E	W	P	M	N
L	W	Y	I	E	I	H	R	O	S	A	H	G
P	S	N	A	K	E	S	E	E	G	E	N	H
D	R	E	A	M	S	C	E	R	H	I	R	D
D	O	L	L	O	P	A	Y	B	S	G	F	P
E	L	T	T	A	C	T	P	E	E	L	S	T

◊ ALCMENE

◊ AVENTINE HILL

◊ CATTLE OF GERYON

◊ CERBERUS

◊ CERYNEIAN HIND

◊ CLUB

◊ CRETAN BULL

◊ DEFEAT OF CACUS

◊ ERYMANTHIAN BOAR

◊ HIPPOLYTA

◊ LERNAEAN HYDRA

◊ MARC ANTONY

◊ MARES OF DIOMEDES

◊ NEMEAN LION

◊ SON OF JUPITER

◊ THE MILKY WAY

◊ THREE-BODIED GIANT

◊ ZEUS

```
B N A M I K O M M Y Y S N
U O V B E C V S C K N U A
L Y E O P R A M B L O E E
C R N L H M K C F I T Z M
J E T L M O C R U M N S E
U G I O L S P G S S A C N
P H N M C U E N E M C L A
I I E C A L B D D V R M P
T P U R B D A N E N A H L
E P A T N A I G A M M N Y
R O S G E H A W E T O K N
B L I P C R O O I W E I D
O Y F H D D N N W D N R D
I T Y Y N S U R E B R E C
G A H O K T Y V P N V R N
```

19   Passage on Zeus from *Myths and Legends of Ancient Greece and Rome* by E. M. Berens, 1894

◆

Zeus, the great presiding deity of the universe, the ruler of heaven and earth, was regarded by the Greeks, first, as the god of all aerial phenomena; secondly, as the personification of the laws of nature; thirdly, as lord of state life; and fourthly, as the father of gods and men. As the god of aerial phenomena he could, by shaking his ægis, produce storms, tempests, and intense darkness. At his command the mighty thunder rolls, the lightning flashes, and the clouds open and pour forth their refreshing streams to fructify the earth. As the personification of the operations of nature, he represents those grand laws of unchanging and harmonious order, by which not only the physical but also the moral world is governed.

```
Y  T  I  E  D  T  E  M  P  E  S  T  S
G  O  D  S  W  S  T  A  T  E  H  R  B
S  U  E  Z  O  L  A  I  R  E  A  G  L
S  T  D  C  R  S  S  E  N  K  R  A  D
W  H  R  L  L  S  T  R  E  A  M  S  G
A  U  A  Y  D  O  E  B  N  R  O  G  N
L  N  G  K  L  T  U  D  B  E  N  O  I
E  D  E  L  I  D  S  D  B  L  I  V  N
P  E  R  O  O  N  R  R  S  U  O  E  T
R  R  F  M  N  R  G  I  I  R  U  R  H
O  H  A  O  H  L  D  D  H  F  S  N  G
D  T  T  R  T  E  Y  L  R  T  L  E  I
U  R  H  A  R  E  R  U  T  A  N  D  L
C  A  E  L  O  Y  C  O  M  M  A  N  D
E  E  R  Y  F  I  T  C  U  R  F  N  V
```

◊ AEGIS <u>SHIELD</u>

◊ APHRODITE'S <u>GIRDLE</u>

◊ <u>PITCHFORKS</u>

◊ <u>BRAZEN</u> BULL

◊ CAP OF <u>INVISIBILITY</u>

◊ DRAGON'S <u>TEETH</u>

◊ GOLDEN <u>BOW</u>

◊ HERACLES' <u>CLUB</u>

◊ HYDRA <u>BLOOD</u>

◊ <u>LIGHTNING</u> BOLT

◊ <u>MEDUSA'S</u> EYE

◊ <u>NECKLACE</u> OF HARMONIA

◊ <u>SCYTHE</u> OF CRONUS

◊ SILVER <u>ARROWS</u>

◊ <u>SPEAR</u> OF ACHILLES

◊ <u>SWORD</u> OF DAMOCLES

◊ WINGED <u>SANDALS</u>

◊ <u>THREAD</u> OF ARIADNE

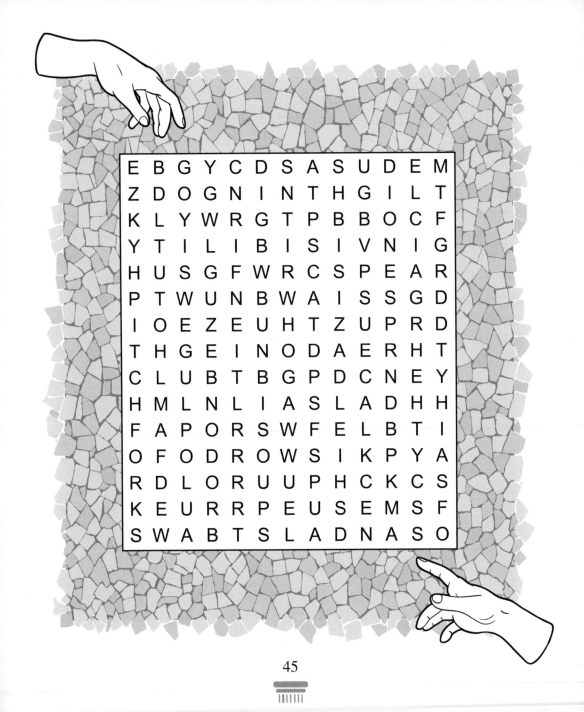

```
E B G Y C D S A S U D E M
Z D O G N I N T H G I L T
K L Y W R G T P B B O C F
Y T I L I B I S I V N I G
H U S G F W R C S P E A R
P T W U N B W A I S S G D
I O E Z E U H T Z U P R D
T H G E I N O D A E R H T
C L U B T B G P D C N E Y
H M L N L I A S L A D H H
F A P O R S W F E L B T I
O F O D R O W S I K P Y A
R D L O R U U P H C K C S
K E U R R P E U S E M S F
S W A B T S L A D N A S O
```

21   On the cult of Dionysus from *The Birth of Tragedy; or, Hellenism and Pessimism* by Friedrich Nietzsche (Translator: William A. Haussmann), 1910

◆

Under the charm of the Dionysian, not only is the covenant between man and man again established, but also estranged, hostile or subjugated nature again celebrates her reconciliation with her lost son, man. Of her own accord earth proffers her gifts, and peacefully the beasts of prey approach from the desert and the rocks. The chariot of Dionysus is bedecked with flowers and garlands: panthers and tigers pass beneath his yoke… Now is the slave a free man, now all the stubborn, hostile barriers, which necessity, caprice, or "shameless fashion" has set up between man and man, are broken down. Now, at the evangel of cosmic harmony, each one feels himself not only united, reconciled, blended with his neighbour, but as one with him. Even as the animals now talk, and as the earth yields milk and honey, so also something super-natural sounds forth from him: he feels himself a god, he himself now walks about enchanted and elated even as the gods whom he saw walking about in his dreams. Man is no longer an artist, he has become a work of art.

```
D E H S I L B A T S E S T
F T S B R O K E N S H O S
A K R O W S K L A W P U I
S C E P K O D S Y S F N T
H A W C Y N M B S S T D R
I P O D P A R L R Z R S A
O R L R E M A E E S E H C
N I F R L M H N U B G O C
D C D O I T C S L R N N O
E E S N N H Y E C B O E R
T T A A A N N I D I L Y D
I P P N O D M U S L A V E
N R T I E S D L E I Y F E
U E D D O H O S T I L E R
D Y D C O V E N A N T R F
```

◊ AGRICULTURE

◊ APPLE BEARER

◊ CERES

◊ CORNUCOPIA

◊ ELEUSINIAN MYSTERIES

◊ GODDESS OF POPPIES

◊ GRAIN

◊ HARVEST

◊ IASION

◊ LAW AND ORDER

◊ LONG SEARCH

◊ LYNX

◊ MOTHER OF SEASONS

◊ PERSEPHONE

◊ SACRED LAW

◊ THALYSIA

◊ WHEAT SHEAF

◊ WREATHED OAK

```
N O I S A I E M T S G L S
W B U T N L R S E R K E W
F P C F P R E I A L N A N
G E G P W V P I U A Y C O
A R A N R P N G I S G L F
A S A A O H W N V E Y S P
I E H P S H I U B N M N E
S P N P K S L E X M H O H
Y H R I U O F A E H S S C
L O V E O R B O W R E A R
A N L U C M Y L G R O E A
H E S A C R E D E T S S E
T E R U T L U C I R G A S
C O R N U C O P I A P A M
D M C M M G W S P B P W O
```

23 On Poseidon from *Stories of Greek Gods, Heroes and Men* by Caroline and Samuel Harding, 1906

◆

The palace of Poseidon was said to be at the bottom of the sea. It was made of shells and coral, fastened together with gold and silver. The floors were of pearl, and were ornamented with all kinds of precious stones. Around the palace were great gardens filled with beautiful sea-plants and vines… Poseidon rode over the surface of the sea in a chariot made of a huge sea-shell, which was drawn by great sea-horses with golden hoofs and manes. At the approach of the god, the waves would grow quiet, and strange fishes and huge sea serpents and sea-lions would come to the surface to play about his chariot. Wonderful creatures called Tritons went before and beside his chariot, blowing upon shells as trumpets. These Tritons had green hair and eyes; their bodies were like those of men, but instead of legs they had tails like fishes.

```
T E D S T R U M P E T S A
F A M E G N A R T S E S D
R S E O E E P S W N U E E
E H S S C D L E I R A P T
V E U T A L A V F B P O N
L L O N L O Y A N O P S E
I L I E A G C W G T R E M
S S C P P E F E N T O I A
N E E R G L C W G O A D N
O F R E S H A B H M C O R
T M P S A R Z R E O H N O
I G A R D E N S O S O M D
R L I N S T E A D C I F E
T O D C E B O D I E S D S
T T A I L S E H S I F L E
```

Cyclopes

◊ ARGES

◊ BLINDED

◊ ETNA

◊ FORGES

◊ GALATEA

◊ GIANTS

◊ HADES' HELMET

◊ HEPHAESTUS

◊ ISLAND

◊ MAN-EATING

◊ MONSTROUS

◊ MOUNT OLYMPUS

◊ ODYSSEUS

◊ ONE EYE

◊ PANPIPES

◊ POLYPHEMUS

◊ STEROPES

◊ STORM DEITIES

```
I M M F S T N A I G H V M
O G A W D S C V C D H O Y
N S C N E S I O N E E Y E
S W P G E R K W M D P U U
E O R O C A D K V N H C N
P A L K L E T I E I A P R
O V W Y I Y S I O L E A A
R F K T M L P D N B S N S
E M I G A P Y H E G T P E
T E E N A S U Y E E U I G
S A D S S L L S A M S P R
R O P E I I A M B L U E O
R P U M O N S T R O U S F
H S E R T E M L E H E Y V
C L D U C I O E R A F R U
```

25   The story of Psyche from *A Book of Myths* by Jean Lang, 1942

---◆---

With <u>gentle</u>, pitying <u>finger</u> [Eros] wiped away the red <u>drop</u> where his <u>arrow</u> had wounded her, and then <u>stooped</u> and touched her <u>lips</u> with his own, so <u>lightly</u> that Psyche in her <u>dreams</u> thought that <u>they</u> had been <u>brushed</u> by a butterfly's <u>wings</u>. Yet in her <u>sleep</u> she <u>moved</u>, and Eros, <u>starting</u> back, <u>pricked</u> himself with one of his arrows. And with that prick, for Eros there <u>passed</u> away all the <u>careless</u> <u>ease</u> of the <u>heart</u> of a <u>boy</u>, and he knew that he <u>loved</u> Psyche with the <u>unquenchable</u> love of a deathless <u>god</u>. Now, with <u>bitter</u> regret, all his <u>desire</u> was to undo the <u>wrong</u> he had done to the one that he loved. <u>Speedily</u> he sprinkled her with the sweet <u>water</u> that brings <u>joy</u>, and when Psyche <u>rose</u> from her <u>couch</u> she was <u>radiant</u> with the <u>beauty</u> that comes from a <u>new</u>, undreamed-of <u>happiness</u>.

S	L	E	E	P	R	I	C	K	E	D	L	W
S	S	B	R	E	G	N	I	F	L	U	I	O
S	G	E	P	A	S	S	E	D	B	Y	P	R
P	R	N	L	G	N	I	T	R	A	T	S	R
D	G	A	I	E	D	W	Y	Y	H	U	D	A
R	E	F	D	W	R	O	A	L	C	A	S	P
E	N	H	E	I	J	A	G	T	N	E	S	S
A	T	D	S	B	A	F	C	H	E	B	E	P
M	L	E	I	U	I	N	W	G	U	R	N	E
S	E	P	R	B	R	T	T	I	Q	M	I	E
G	K	O	E	U	R	B	T	L	N	O	P	D
N	C	O	U	C	H	O	O	E	U	V	P	I
O	E	T	H	E	Y	V	S	Y	R	E	A	L
R	L	S	I	A	E	S	A	E	G	D	H	Y
W	P	O	R	D	T	R	A	E	H	W	E	N

Aphrodite

◊ ARES

◊ BEAUTIFUL

◊ BLESSINGS

◊ CYPRUS

◊ CYTHEREA

◊ DOVE

◊ GOLDEN APPLE

◊ HELEN

◊ HEPHAESTUS

◊ LAUGHTER

◊ LEMNIAN WOMEN

◊ LOVE AFFAIRS

◊ MYRTLE

◊ PARIS

◊ RESCUE OF BUTES

◊ SCALLOP SHELL

◊ SEA FOAM

◊ VENUS

M	L	A	G	V	B	A	A	C	S	M	K	G
C	G	O	R	E	V	O	L	H	H	L	E	T
L	U	P	N	P	S	K	E	D	E	C	P	V
Y	M	A	L	E	M	N	I	A	N	L	O	L
U	S	S	R	A	M	S	G	O	L	D	E	N
S	C	A	U	Y	U	B	U	T	E	S	P	N
U	A	B	R	R	V	G	W	N	E	O	S	A
T	L	T	E	T	P	R	H	A	E	G	O	E
S	L	M	I	A	O	Y	F	T	N	V	O	R
E	O	A	R	N	U	O	C	I	E	T	B	E
A	P	I	G	H	A	T	S	H	I	R	S	H
H	S	P	G	M	G	S	I	U	G	Y	U	T
P	D	D	O	V	E	N	H	F	P	G	I	Y
E	W	Y	F	L	L	N	C	I	U	P	N	C
H	E	D	B	F	I	D	O	I	K	L	Y	T

How Theseus slew the Minotaur in *The Heroes or Greek Fairy Tales for my Children* by Charles Kingsley, 1889

◆

And at last they came to Crete, and to Cnossus, beneath the peaks of Ida, and to the palace of Minos the great king… He was the wisest of all mortal kings, and conquered all the Ægean isles; and his ships were as many as the sea-gulls, and his palace like a marble hill. And he sat among the pillars of the hall, upon his throne of beaten gold, and around him stood the speaking statues which Daidalos had made by his skill. For Daidalos was the most cunning of all Athenians, and he first invented the plumb-line, and the auger, and glue, and many a tool with which wood is wrought. And he first set up masts in ships, and yards, and his son made sails for them.

```
D W D A S G N I K A E P S
O D O L U M A S T S Y C G
O L I O O G S K A E P U P
T A N S D D E T N E V N I
S S T D R S B R R A D N L
S T R A K M E E B T E I L
E O Y I F O A M T H D N A
U O L D F R T T W E A G R
T L E A O T E S R N R A S
A U C L S A N E O I M C T
T L A O R L U S U A A T H
S E L S I Q P I G N R A R
I U A A N I L W H S B E O
N L P O H A R V T S L R N
O G C S U S S O N C E G E
```

28 The Muses

- ◊ AOEDE
- ◊ ARTS
- ◊ BOEOTIAN
- ◊ CALLIOPE
- ◊ CLIO
- ◊ DANCE
- ◊ ERATO
- ◊ EUTERPE
- ◊ LYRICS

- ◊ MELETE
- ◊ MELPOMENE
- ◊ MEMORY
- ◊ MNEME
- ◊ NINE OLYMPIAN
- ◊ POETRY
- ◊ SCIENCE
- ◊ THALIA
- ◊ URANIA

```
A F Y D U V E C E E R V E
F V O K B P G C P R D N D
C V U D R M I O L A T C E
F U I E B E I R Y T S N O
M H T Y Y L C L R O E I A
A U Y K L E A G L P K N C
E W N A I T O E O B V E H
K K C P O E T R Y A E O S
D H E S E M R I I O I L C
M U T C A C E L A M C Y I
S R N I B R A M N A K M R
F A U E E H T E O F M P Y
D N P N T B M S G R U I L
A I V C Y E V C I L Y A Y
I A M E L P O M E N E N N
```

29   The War with the Titans from *Old Greek Stories* by *James Baldwin, 1895*

Then followed a long and terrible war. But Jupiter had many mighty helpers. A company of one-eyed monsters called Cyclopes were kept busy all the time, forging thunderbolts in the fire of burning mountains. Three other monsters, each with a hundred hands, were called in to throw rocks and trees against the stronghold of the Titans; and Jupiter himself hurled his sharp lightning darts so thick and fast that the woods were set on fire and the water in the rivers boiled with the heat. Of course, good, quiet old Saturn and his brothers and sisters could not hold out always against such foes as these. At the end of ten years they had to give up and beg for peace.

```
T N D L O H G N O R T S S
S R E T S I S T G S A G R
N U W H S D H N C N R T E
I T O E B E I Y P A E T T
A A L A R G C S E T T H S
G S L T R L R L D I I I N
A V O O O A B I E T P C O
S W F P E I Z W R C U K M
R K E Y R S O S D O J B R
E S C R D R E S N M D U Y
T B E O H E C H U P A R E
A T O T R P L A H A R N C
W W M T O L S R F N T I A
S B O I L E D P U Y S N E
T E I U Q H O L D H K G P
```

◊ BIRTH GODDESS

◊ CONSORT

◊ COW-EYED

◊ CUCKOO BIRD

◊ EVIL STEPMOTHER

◊ FIDELITY

◊ GOAT-EATER

◊ GOLDEN THRONE

◊ HERACLES

◊ JUNO

◊ MARRIAGE

◊ MILKY WAY

◊ PEACOCK CHARIOT

◊ POMEGRANATE

◊ QUEEN

◊ VINDICTIVE

◊ WOMEN'S PROTECTOR

◊ ZEUS

```
Y A W Y K L I M R Y H P U
F R Y N I U C O T S U E Z
W B T V I E T I O N T R H
H O E K K C L B D A O E M
L T U F E E C R N M R T D
O A R T D O V A W A U A E
S O O I N B R G C R M E Y
F R F S B G C L N R K T E
P R O T E U E C R I Q A W
U R E M C S T G H A U O O
T T O K V H N Y E G E G C
B P O S R N P D S E E U J
T O H O B Y W H T G N K U
V A N C T C H A R I O T N
B E V I N D I C T I V E O
```

31   Hymn to Pan from *Hesiod: The Homeric Hymns and Homerica*, translated by Hugh G. Evelyn-White, 1920

◆

Muse, tell me about Pan, the dear son of Hermes, with his goat's feet and two horns — a lover of merry noise. Through wooded glades he wanders with dancing nymphs who foot it on some sheer cliff's edge, calling upon Pan, the shepherd-god, long-haired, unkempt. He has every snowy crest and the mountain peaks and rocky crests for his domain; hither and thither he goes through the close thickets, now lured by soft streams, and now he presses on amongst towering crags and climbs up to the highest peak that overlooks the flocks. Often he courses through the glistening high mountains, and often on the shouldered hills he speeds along slaying wild beasts, this keen-eyed god. Only at evening, as he returns from the chase, he sounds his note, playing sweet and low on his pipes of reed.

```
Y R R E M O U N T A I N O
H E R M E S T S A E B O V
V V U N K E M P T P H T E
E E H P H R E E D G A E R
G N I R E W O T I S C E L
D I T E D A S H H L W R O
E N H S G D W E O B O O O
T G E S N S E S R U O C K
H E R E I R E Y H S D K S
Y O E S Y W T I R O E Y O
W G R F A O L E G C D L N
O O I N L L D S H P M Y N
N A B H S N I A M O D O Z
S T R E A M S C L I M B S
R S K W S E P I P M U S E
```

◊ ANIMAL <u>SACRIFICE</u>

◊ <u>BACCHANALIA</u>

◊ <u>BULL-HORNED</u>

◊ <u>FENNEL</u> WANDS

◊ <u>IVY</u> WREATH

◊ <u>KANTHAROS</u>

◊ <u>LIBER PATER</u>

◊ <u>LIFEBLOOD</u>

◊ <u>MAENADS</u>

◊ <u>ORCHARDS</u>

◊ <u>REVENGE</u>

◊ <u>RITUAL</u> MADNESS

◊ THE <u>LIBERATOR</u>

◊ <u>THYRSUS</u>

◊ <u>TWICE-BORN</u>

◊ TWO-HANDED <u>GOBLET</u>

◊ <u>WINE</u>

◊ WINGED <u>DAIMON</u>

```
P T T D N R O B E C I W T
L I B E R A T O R S D G R
U U I L E N N E F G S S A
B V S A C R I F I C E D I
Y C D S S E D D E C G A L
G S R O Y V C A N Y G N A
B D A R A E P W I H V E N
T O H A B N P Y W M K A A
T O C H A G K R T K O M H
F L R T G E R H I S E N C
G B O N N L Y S P T D O C
R E T A P R E B I L U H A
F F C K S P N F B V A A B
C I B U L L H O R N E D L
S L S P N R L G O B L E T
```

33 Aeneus and the Harpies from *Age of Fable* by Thomas Bulfinch, 1855

Their first landing was at the island of the Harpies. These were disgusting birds with the heads of maidens, with long claws and faces pale with hunger. When they entered the port the Trojans saw herds of cattle roaming over the plain. They slew as many as they wished and prepared for a feast. But no sooner had they seated themselves at the table than a horrible clamour was heard in the air, and a flock of these odious harpies came rushing down upon them, seizing in their talons the meat from the dishes and flying away with it. Aeneas and his companions drew their swords and dealt vigorous blows among the monsters, but to no purpose, for they were so nimble it was almost impossible to hit them, and their feathers were like armour impenetrable to steel. One of them, perched on a neighbouring cliff, screamed out, "Is it thus, Trojans, you treat us innocent birds, first slaughter our cattle and then make war on ourselves?"

```
O U R S E L V E S P O R T
D E S S L A U G H T E R R
I W U E P U R P O S E G O
O T E A I N N O C E N T J
U T R T K Z Z M E L A P A
S I D E L C I E L B M I N
S H E D A A O N P A A C S
R C H I E T E L G R A C S
E L S S N O U D F T R H N
H I I H E I P A T E U S E
T F W E A Y A L V N O W D
A F V S S W E L G E M A I
E T A B L E A E P P A L A
F E A S T A R R O M L C M
R G N I D N A L S I C F S
```

◊ AMYCUS

◊ BLIND PROPHET

◊ CHIRON

◊ COLCHIS

◊ CYANEAN ROCKS

◊ DODONA

◊ FIRE-BREATHING BULLS

◊ GEGENEES

◊ GOLDEN FLEECE

◊ HARPIES

◊ ISLE OF LEMNOS

◊ LYNCEUS

◊ MEDEA

◊ PELIAS

◊ SCYLLA

◊ SIRENS

◊ STRAITS OF BOSPHORUS

◊ SYMPLEGADES

```
S P S Y H F F W T M M A T
T Y A N I S F B C Y N R Y
A R M O E N S K C O R S S
T E H P O R P S D T A L A
D Y D S L E I O K I L E S
Y D S E N E D S L U A S U
A S V I M K G E B M H C R
D I A P A M P A Y F M Y O
C H I R O N K C D L N L H
V C W A R H U L Y E L L P
I L L H F S H N F E S A S
S O N M E L C D B C M W O
T C F S E E N E G E G I B
C N D T U S O V K R M T B
V F S S M T O H A S Y F H
```

73

35 On Mythology in *A Handbook of Greek Mythology* by H. J. Rose (1928)

◆

We use the word <u>mythology</u> to signify the <u>study</u> of certain <u>products</u> of the imagination of a people, which <u>take</u> the form of <u>tales</u>. These tales the <u>Greeks</u> called μῦθος or myths, an <u>expression</u> which originally meant <u>simply</u> 'words'. The <u>purpose</u> of this book is to set <u>forth</u> what <u>stories</u> were <u>produced</u> by the <u>active</u> imagination of those <u>peoples</u> whom we collectively <u>know</u> as Greek, and by the <u>narrow</u> and <u>sluggish</u> imagination of the <u>ancient</u> inhabitants of <u>Italy</u>. It is well to <u>begin</u> by inquiring what <u>manner</u> of tales they were; for it is <u>very</u> <u>clear</u> that we cannot take them, as they <u>stand</u>, as <u>historically</u> true, or even as <u>slightly</u> <u>idealised</u> or exaggerated <u>history</u>.

```
W O R R A N T E Y P D H S
B Y L P M I S A K L N I T
E K N O W G L N L A A S O
S N Y I H E U V P E T T R
O O L D W B G P E G S O I
P I T E U Z G R O R M R E
R S H A A T I O P E Y I S
U S G L N R S D L E T C Y
P E I I C A H U E K H A L
M R L S I E M C S S O L A
A P S E E L D E F T L L S
N X C D N C Z D O T O Y A
N E A C T I V E R W G U G
E Y P R O D U C T S Y W L
R P Y R O T S I H O L Y S
```

◊ APHRODITE / <u>VENUS</u>

◊ <u>ARTEMIS</u> / DIANA

◊ ATHENA / <u>MINERVA</u>

◊ <u>CRONUS</u> / SATURN

◊ DIONYSUS / <u>BACCHUS</u>

◊ EROS / <u>CUPID</u>

◊ GAIA / <u>TERRA</u>

◊ <u>HADES</u> / PLUTO

◊ HECATE / <u>TRIVIA</u>

◊ <u>HELIOS</u> / SOL

◊ HEPHAESTUS / <u>VULCAN</u>

◊ HERMES / <u>MERCURY</u>

◊ <u>NIKE</u> / VICTORIA

◊ PAN / <u>FAUNUS</u>

◊ PERSEPHONE / <u>PROSERPINA</u>

◊ POSEIDON / <u>NEPTUNE</u>

◊ <u>SELENE</u> / LUNA

◊ ZEUS / <u>JUPITER</u>

```
U N Z B D J O S M U T O E
B G I I S U N U A F E W G
A R P R E P N N R O R P S
C U T M R I H E C K R T E
C P Y E N E T V C O A V L
H L C R A I Y I S N A F E
U A V C P M N E K R E R N
S B W U A R R A T I A L E
A V J R L P H E C G G N S
V L H Y I V M A R L U Y U
R U E N A I E C C T U S N
E S A Y S K U B P N O V O
N H E L I O S E N K P M R
I H H N S U N H A D E S C
M L L A I V I R T P L E K
```

On Demeter from *Greek Studies: A Series of Essays* by Walter Pater, 1910

◆

No chapter in the history of human imagination is more curious than the myth of Demeter, and Persephone.

"I begin the song of Demeter" — says the prize-poet, or the Interpreter, the Sacristan of the holy places — "the song of Demeter and her daughter Persephone, whom Aidoneus carried away by the consent of Zeus, as she played, apart from her mother, with the deep-bosomed daughters of the Ocean, gathering flowers in a meadow of soft grass — roses and the crocus and fair violets and flags, and hyacinths, and, above all, the strange flower of the narcissus, which the Earth, favouring the desire of Aidoneus, brought forth for the first time, to snare the footsteps of the flower-like girl. A hundred heads of blossom grew up from the roots of it, and the sky and the earth and the salt wave of the sea were glad at the scent thereof. She stretched forth her hands to take the flower; thereupon the earth opened, and the king of the great nation of the dead sprang out with his immortal horses. He seized the unwilling girl, and bore her away weeping, on his golden chariot.

```
E C O N S E N T M E G F D
G Y H U T O T E O D N L A
N N E Y T L A S E Y I A U
A Z A N A D M R R D K G G
R R E R O C D O E I M S H
T C E W P N I S S T F G T
S F S T U S I N O S H N E
M O T H E R D I T B O I R
S O E C E R R A E H R L I
E T L R B A P G N N S L B
C S O O H O I R A O E I R
A T I C A N R V E I S W O
L E V U N N C E C T O N O
P P L S D A L G O A N U T
I S U S S I C R A N G I S
```

◊ ABODE OF THE <u>BLESSED</u>

◊ <u>CERBERUS</u>

◊ DON'T LOOK <u>BACK</u>

◊ <u>EURYDICE</u>

◊ <u>GRIEF</u>

◊ <u>HADES</u>

◊ <u>LESBOS</u>

◊ <u>LYRE</u>

◊ <u>MAENADS</u>

◊ <u>NYMPHS</u>

◊ <u>PERSEPHONE</u>

◊ <u>PLUTO</u>

◊ RIVER <u>STYX</u>

◊ <u>SISYPHUS</u>

◊ <u>STYGIAN</u> REALM

◊ <u>TANTALUS</u>

◊ <u>THRACE</u>

◊ <u>WILD WOMEN</u>

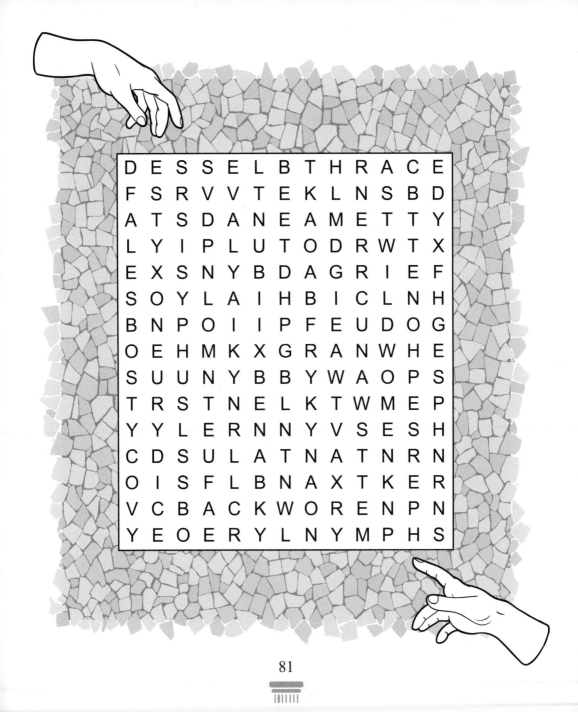

```
D E S S E L B T H R A C E
F S R V V T E K L N S B D
A T S D A N E A M E T T Y
L Y I P L U T O D R W T X
E X S N Y B D A G R I E F
S O Y L A I H B I C L N H
B N P O I I P F E U D O G
O E H M K X G R A N W H E
S U U N Y B B Y W A O P S
T R S T N E L K T W M E P
Y Y L E R N N Y V S E S H
C D S U L A T N A T N R N
O I S F L B N A X T K E R
V C B A C K W O R E N P N
Y E O E R Y L N Y M P H S
```

39   Cadmus and the Dragon from *Favorite Greek Myths* by Lilian Stoughton Hyde, 1904

◆

Cadmus threw a lion's skin around his shoulders, took his lance and his javelin, and went into the mouth of the cave himself. At first, it was so dark inside that he could see nothing. When his eyes had become accustomed to the change from the bright sunshine he had just left , he saw, in the darkness, two bright spots, and knew that they must be the two eyes of some beast… He made out the form of a huge dragon lying with one of its ugly claws across something, which he feared might be the body of one of his faithful slaves… He threw his javelin at it, and wounded it with that; but not being much disabled, the creature came out of the cave hissing, and attacked him fiercely. As it came nearer, he pushed his lance straight into its open mouth, and finally pinned it to an oak which grew there, and so killed it.

```
S T H G I A R T S N P D M
U W F B E A S T O W U O W
N O D I G D S G Z O S E N
S Z E E E D A R K U H R O
H G G A K R F G M N E U T
I D N E D C C D R D D T H
N E A I E N A E T E D A I
E N H E S C I T L D W E N
D N C Y Y S N L T Y C R G
E I F E P M I A E A S C S
R P Z S O K Y H L V W H T
A C C U S T O M E D A N O
E G T S L A V E S B L J P
F H F A I T H F U L C C S
L I O N S H O U L D E R S
```

◊ ANOINTED

◊ ASKED THE IMPOSSIBLE

◊ AURIGA

◊ BURNING

◊ CLYMENE

◊ CYCNUS

◊ DAWN

◊ FOOLISH

◊ FREEZING

◊ GOLD CHARIOT

◊ GREAT OATH

◊ HELIOS

◊ HUBRIS

◊ JEWELS OF AMBER

◊ SELF-PRIDE

◊ TERRIBLE HEAT

◊ WEEPING WILLOWS

◊ WILD RACE

E	A	U	Y	N	A	R	U	D	T	H	H	B
N	U	G	R	S	A	W	Y	E	E	S	S	E
E	R	H	R	E	I	C	D	T	R	Y	I	L
M	I	B	T	L	B	I	P	N	R	B	L	B
Y	G	T	L	A	R	M	O	I	I	U	O	I
L	A	O	I	P	O	C	A	O	B	R	O	S
C	W	P	F	L	H	T	W	N	L	N	F	S
S	M	L	I	A	D	I	A	A	E	I	R	O
H	E	I	R	H	L	V	S	E	S	N	E	P
S	E	I	W	D	F	D	T	H	R	G	E	M
W	O	L	R	C	Y	C	N	U	S	G	Z	I
T	R	A	I	D	P	C	M	B	A	N	I	R
S	C	H	H	O	E	W	I	R	R	F	N	U
E	Y	C	I	T	S	E	H	I	F	T	G	T
N	W	A	D	Y	U	M	E	S	T	U	V	E

41   The Minotaur's Death from *Tales of Troy and Greece by Andrew Lang*, 1907

◆

The roars of the hungry <u>Minotaur</u> came nearer and <u>nearer</u>; now his <u>feet</u> could be heard <u>padding</u> along the echoing floor of the <u>labyrinth</u>. Theseus moved to the shadowy <u>corner</u> of the narrow pat… his heart was beating quickly. On came the Minotaur, up <u>leaped</u> Theseus, and <u>dashed</u> the contents of the open phial in the eyes of the monster; a white <u>dust</u> flew out, and <u>Theseus</u> leaped back into his <u>hiding</u> place. The Minotaur uttered <u>strange</u> shrieks of pain; he rubbed his eyes with his <u>monstrous</u> hands; he raised his head up <u>towards</u> the sky, <u>bellowing</u> and confused… He was quite <u>blind</u>. Theseus drew his <u>short</u> sword, crept up, on <u>naked</u> feet, behind the monster, and cut through the back <u>sinews</u> of his legs at the knees. <u>Down</u> fell the Minotaur, with a <u>crash</u> and a roar, <u>biting</u> at the rocky floor with his lion's <u>teeth</u>, and waving his hands, and clutching at the <u>empty</u> air. Theseus waited for his <u>chance</u>, when the <u>clutching</u> hands rested, and then, <u>thrice</u> he drove the long <u>sharp</u> blade of <u>bronze</u> through the <u>heart</u> of the Minotaur. The <u>body</u> leaped, and lay <u>still</u>.

```
G Y Z S P A D D I N G S Y
N S T B W E O G Y Z E H T
I C T H K E N R D M Z A P
W T H A R I N E O T N R M
O H N A D I P I B R O P E
L E S I N A C Y S A R L G
L S H A E C S E B E B S N
E E B L R G E H R H D H I
B U D L F C N A E R N T H
N S O I E Z E I A D I E C
Y Y W T E N P W T V L E T
M O N S T R O U S I B T U
T S U D H T N I R Y B A L
S T R A N G E R E N R O C
R U A T O N I M S H O R T
```

◊ ADAMANTINE

◊ BANISHED

◊ COEUS

◊ CRIUS

◊ CRONUS

◊ GAIA

◊ HYPERION

◊ MNEMOSYNE

◊ PHOEBE

◊ RHEA

◊ SATURN

◊ TARTARUS

◊ TETHYS

◊ THEIA

◊ THEMIS

◊ TITANIDES

◊ TWELVE

◊ URANUS

```
M W B P Y E A S Y H T E T
P N C R O N U S S F N W N
H H R N N T O R L Y A B E
U I O U Y O U D S U C H E
T S S E T C I O K R A N R
A U K E B A M R A I I V A
R E N I D E S E E T M I P
T O T H N I V B N P A D M
A C H M K L N A H G Y E T
R E N V E D M A M V C H T
U B H W K A O S T N E S H
S K T R D V T U I I O I E
S U N A R U F I A V T N M
Y S V E M D F R B P C A I
U W E F W K S C S A P B S
```

43   The First Task from *Herakles, the Hero of Thebes, and Other Heroes of the Myth* by Mary E. Burt and Zénaïde A. Ragozin, 1900

◆

It happened that a <u>fearful</u> lion lived in <u>Nemea</u>, and it <u>devastated</u> all the <u>land</u> and was the <u>terror</u> of the inhabitants. <u>Eurystheus</u> ordered Herakles to bring him the skin of this lion. So Herakles took his bow, his <u>quiver</u>, and heavy <u>club</u> and started out in <u>search</u> of the beast… The lion was indeed <u>worthy</u> of his <u>terrible</u> fame. His size was prodigious, his eyes shot forth <u>flames</u> of fire, and his tongue licked his <u>bloody</u> chops. When he <u>roared</u>, the whole <u>desert</u> <u>resounded</u>.

But Herakles stood <u>fearlessly</u> near a <u>grove</u> from whence he might <u>approach</u> the lion, and suddenly shot at him with his bow and <u>arrow</u>, hitting him squarely in the <u>breast</u>. The lion made for a cave which had two <u>mouths</u>. Herakles closed up one of the <u>entrances</u> with heavy <u>rocks</u> and entered the <u>other</u>. He seized the lion by the <u>throat</u> and then came a terrible <u>struggle</u>, but Herakles <u>squeezed</u> him in his mighty <u>arms</u> until he <u>gasped</u> for breath, and at last lay <u>dead</u>.

```
D S F Y L U F R A E F Y W
N A T L D S K C O R W L O
A D E R A O R K C S Y S R
L D A D U M O T L Q D S T
D E P S A G E L U U E E H
M V N B U R G S B E D L Y
O A S T R E Z L K E N R U
U S M O R D H R E Z U A H
T T R W N A E T K E O E C
H A A O K E N S S D S F R
S T O R R F M C E Y E K A
T E R R I B L E E R R V E
R D K A H B R E A S T U S
E V O R G T Q U I V E R E
H C A O R P P A R E H T O
```

◊ ATHENA

◊ BATTLEFIELD

◊ GIANT WARS

◊ GOD OF WAR

◊ HATEFUL

◊ HELMET

◊ HERA

◊ INVINCIBLE

◊ MAN-KILLER

◊ MARS

◊ RUTHLESS

◊ SAVAGE

◊ SHIELD

◊ SPEAR

◊ SWORD

◊ THRACE

◊ VULTURE

◊ ZEUS

R	L	D	S	S	E	L	H	T	U	R	B	O
T	E	M	L	E	H	L	M	T	R	A	A	G
M	Z	E	M	E	V	R	U	S	T	C	I	Z
L	F	L	Y	H	I	D	R	F	D	O	E	K
O	K	B	R	Z	T	F	R	W	E	S	M	V
N	H	I	F	A	E	F	E	G	P	T	U	H
V	G	C	O	T	W	U	U	L	F	L	A	C
S	I	N	T	M	M	F	S	R	T	T	T	H
S	A	I	H	E	O	A	O	U	A	T	B	B
H	N	V	R	N	M	A	R	D	H	E	A	O
I	T	N	A	T	L	E	N	E	O	R	P	B
E	W	I	C	G	D	U	R	E	S	G	L	S
L	A	E	E	H	E	A	O	V	H	A	R	R
D	R	V	D	R	O	W	S	F	T	T	K	A
U	S	F	I	R	E	L	L	I	K	N	A	M

Passage on Hera from *The Mythology of Greece and Rome* by Otto Seemann, 1877

◆

Hera, according to Homer, was the eldest of the daughters of Cronus and Rhea. She is the feminine counterpart of Zeus, her brother and husband. She represents the air or atmosphere; for which reason she, like Zeus, was supposed to control the phenomena of the air and sky, and, as queen of heaven, shared with him all the honours of his position. Her conjugal relations to Zeus, which form the substance of all the myths that refer to her, afforded the poets a rich and productive material for serious and sportive poetry. Neither did they fail to tell of the conjugal strife of the royal pair, and of the cruel fate which overtook the mortal women who enjoyed the favours of Zeus. It was thus that jealousy and contention became the leading features in the character of the goddess; whereas, both in her worship and in the representations of artists, she appears as a gracious and kindly deity, the especial protectress of her own sex.

```
W X E S H S P O R T I V E
O S E T U S R U O V A F L
R T N R S B H D E I T Y E
S S I I B H S T A H Y M U
H I N F A F H T Y M K L R
I T I E N L O L A M S A C
P R M A D O N A T N U I O
S A E R V R O T C W C R N
U U F E A T U R E S G E J
N F O H V N R O E O V T U
O R A I S O S M D A R A G
R E Z T C C F D E O S M A
C M E A E A E H Y R P O L
K O U Y I S R A Q U E E N
P H S L S E L G F S U H T
```

- ◊ ACRISIUS
- ◊ ANDROMEDA
- ◊ ATLAS
- ◊ CEPHEUS
- ◊ DANAE
- ◊ ETHIOPIA
- ◊ GORGONS
- ◊ HADES' HELM OF DARKNESS
- ◊ KING OF TIRYNS
- ◊ MAGIC POCKET
- ◊ MEDUSA
- ◊ NYMPHS
- ◊ POLYDECTES
- ◊ SEA-MONSTER
- ◊ SERIPHOS
- ◊ SON OF LIGHT
- ◊ WHITE HORSE
- ◊ WINGED SANDALS

```
I H G R D S B O H G W S F
A C R I S I U S F F H H S
D E N K W S A H S S Y P E
E H E G B N N N U E F M R
M S N T D M O Y A P Y I
O D R A H G O S R O R N P
R S L O R I U L L I E D H
D S U O H D O Y P P T A O
N D G E E K D P O B S R S
A U U M H E N C I R N K A
B T D M C P K C I A O N D
P Y L T F E E R G R M E A
W U E A T I E C A O A S N
E S Y I S A S A A E E S A
V T H G I L F O N O S C E
```

47   The story of Apollo and Daphne from *A Book of Myths* by Jean Lang, 1942

Carefully, then, did Eros choose two arrows from his quiver. One, sharp-pointed and of gold, he fitted carefully to his bow, drew back the string until it was taut, and then let fly the arrow, that did not miss its mark, but flew straight to the heart of the sun-god. With the other arrow, blunt, and tipped with lead, he smote the beautiful Daphne, daughter of Peneus, the river-god.

And then, full joyously did the boy-god laugh, for his roguish heart knew well that to him who was struck by the golden shaft must come the last pangs that have proved many a man's and many a god's undoing, while that leaden-tipped arrow meant to whomsoever it struck, a hatred of Love and an immunity from all the heart weakness that Love can bring. Those were the days when Apollo was young. Never before had he loved.

```
S K C U R T S D A P H N E
O T R E V I U Q I G S E E
S T R A L E A D U T Z T Y
U N M A M T F A H S S O L
E U T N I D L N M T S M L
N L Y P O G N U O Y E S U
E B P G T B H G Z A N D F
P E N R A R N T N Y K E E
D U A G N I R T S T A V R
S E O Y O N T U A T E O A
H D N D K G O L D P W L C
S A N S W O R R A A A I D
M U W O B I M M U N I T Y
S O R E R I V E R G O D L
J O Y O U S L Y T S A L F
```

◊ CAPITOLINE

◊ FAUSTULUS

◊ FICUS RUMINALIS

◊ FRATRICIDE

◊ HELLANICUS OF LESBOS

◊ LIVY

◊ MARS

◊ PAR ILIA

◊ PATRICIANS

◊ PLEBEIANS

◊ REMUS

◊ RHEA SILVIA

◊ ROMULUS

◊ SEVEN HILLS

◊ SHE-WOLF

◊ TIBER RIVER

◊ TITUS TATIUS

◊ VIRGIL

```
N S P F L O W E H S B P G
L N A S Z R O M U L U S S
G A R N R K W M E R S Z U
I I I A E E U V Y G L A C
R E L I N L M V I V E I I
U B I C I I I U W R T V N
M E A I L L T R S O G L A
I L M R O K A E A M F I L
N P D T T A T B E M P S L
A H L A I D I I L A I A E
L H G P P I U T U R T E H
I T P W A R S M L Y V H E
S E D I C I R T A R F R K
F A U S T U L U S R N Y G
Y Y N E V E S B K O S R D
```

49   King Midas' Touch from *A Wonder-Book* and *Tanglewood Tales, for Girls and Boys* by Nathaniel Hawthorne, 1851

◆

Midas really loved his daughter, and loved her so much the more this morning, on account of the good fortune which had befallen him. It was not a great while before he heard her coming along the passageway crying bitterly. This circumstance surprised him, because Marygold was one of the cheerfullest little people whom you would see in a summer's day, and hardly shed a thimbleful of tears in a twelvemonth. "How now, my little lady!" cried Midas. "Pray what is the matter with you, this bright morning?"

Marygold, without taking the apron from her eyes, held out her hand, in which was one of the roses which Midas had so recently transmuted. "As soon as I was dressed I ran into the garden to gather some roses for you; because I know you like them, and like them the better when gathered by your little daughter. But, oh dear, dear me! What do you think has happened? Such a misfortune! All the beautiful roses, that smelled so sweetly and had so many lovely blushes, are blighted and spoilt!... It has no smell, and the hard petals prick my nose!"

```
M T S W E E T L Y B R S Y
N O H N E L L A F E B L L
S O R G U M A T T E R A D
U T R N I M S R H D E T R
R L D P I R G A O E T E A
P I P O A N B N W N T P H
R O D E I B G S D E E Z R
I P T Y O A L M E P B D Y
S S R D T P W U S P R N L
E C E H B O L T S A M A L
D A E Y N N Y E E H D H L
E R O F E B O D R Y E I E
K C I R P H F S D R A S M
W F O R T U N E E R Y E S
S E S O R M A R Y G O L D
```

◊ BITTEN BY <u>FLEAS</u>

◊ <u>BLINDED</u>

◊ <u>CHAINED</u>

◊ <u>EATEN</u> ALIVE

◊ ETERNAL <u>TORTURE</u>

◊ FIERY <u>WHEEL</u>

◊ <u>FLAYED</u>

◊ HOLD UP <u>THE SKY</u>

◊ <u>HUNGER</u>

◊ MADE <u>INSANE</u>

◊ <u>PECKED</u>

◊ SENT TO <u>HADES</u>

◊ <u>THIRST</u>

◊ TORN TO <u>PIECES</u>

◊ <u>TRANSFORMED</u>

◊ TURNED TO <u>STONE</u>

◊ <u>UPHILL</u> STRUGGLE

◊ <u>WANDER</u> THE EARTH

```
F S O B I R Y I G R E B S
E A T C L T D H W H M D S
F E W R H I T E A F C O U
A L S I A H N W N D V V S
L F R V E N Y D T I E U P
U S L S O M S O E W A S I
T E K C O T R F D D S H E
O Y D S O T T E O M B R C
C U K N U W Y E O R K S E
O P E R A A I Y G D M R S
W H E E L N K P P E S E U
T I R F S D Y F R K W G D
N L V A U E V Y B C M N V
H L N T W R E A T E N U K
H E B R L C P M D P G H V
```

51   Passage on Iris from *Myths and Legends of Ancient Greece and Rome* by E. M. Berens, 1894

Iris, the daughter of Thaumas and Electra, personified the rainbow, and was the special attendant and messenger of the queen of heaven, whose commands she executed with singular tact, intelligence, and swiftness. Most primitive nations have regarded the rainbow as a bridge of communication between heaven and earth, and this is doubtless the reason why Iris, who represented that beautiful phenomenon of nature, should have been invested by the Greeks with the office of communicating between gods and men. Iris appears under the form of a slender maiden of great beauty, robed in an airy fabric of variegated hues, resembling mother-of-pearl; her sandals are bright as burnished silver, she has golden wings, and wherever she appears, a radiance of light, and a sweet odour, as of delicate spring flowers, pervades the air.

```
R I A L A I C E P S Y O S
E S L E N D E R R Y N L S
R G N I L F A B R I C A D
U H D E G E A R T H M T S
T W N I V H C N O U L I C
A N O E R A T T A T N S Y
N A S B D B E H R G L S T
C T A P N L T H U A S E U
N I I K R I O L N P A N A
Y O G R Q I A G S P N T E
H N S R U R N R I E D F B
U S D A E O E G L A A I S
E R I S E E D O V R L W D
S I R I N R K O E S S S O
F L O W E R S S R N E M G
```

- ◇ AEGIS
- ◇ CHITON TUNIC
- ◇ EQUESTRIAN
- ◇ GLAUKOPIS
- ◇ GODDESS
- ◇ GORGONEION
- ◇ MINERVA
- ◇ OWL
- ◇ PALLADIUM
- ◇ PALLAS
- ◇ PANATHENAIA
- ◇ SPEAR
- ◇ STONE DIVINATION
- ◇ STRATEGIC WAR
- ◇ TIRESIAS
- ◇ WARRIOR MAIDEN
- ◇ WEAVING
- ◇ WISDOM

```
G C N N M U I D A L L A P
P I A W O S W E A I R W G
A G I G A T Y I O K K B O
N E R N S V I S S N L M R
A T T I L A R H P D N Y G
T A S V B V I E C E O U O
H R E A U P R S N O A M N
E T U E G N I I E I B R E
N S Q W E G G P S R M B I
A H E D E O P O Y D I G O
I V I A D M A K S R S T N
A A E D A K L U T L T F V
M D E R O U L A M N O E U
I S F F M A A L D V N U U
S W R I P U S G A A E V S
```

53   Pegasus from *A Wonder-Book* and *Tanglewood Tales, for Girls and Boys* by Nathaniel Hawthorne, 1851

◆

Some of you have probably heard that this Pegasus was a snow-white steed, with beautiful silvery wings, who spent most of his time on the summit of Mount Helicon. He was as wild, and as swift, and as buoyant, in his flight through the air, as any eagle that ever soared into the clouds. He had no mate; he never had been backed or bridled by a master; and, for many a long year, he led a solitary and a happy life. Whenever he was seen, up very high above people's heads, with the sunshine on his silvery wings, you would have thought that he belonged to the sky. It was very pretty to behold him plunge into the fleecy bosom of a bright cloud, and be lost in it, for a moment or two, and then break forth from the other side. Anyone that was fortunate enough to see this wondrous spectacle felt cheerful the whole day afterwards.

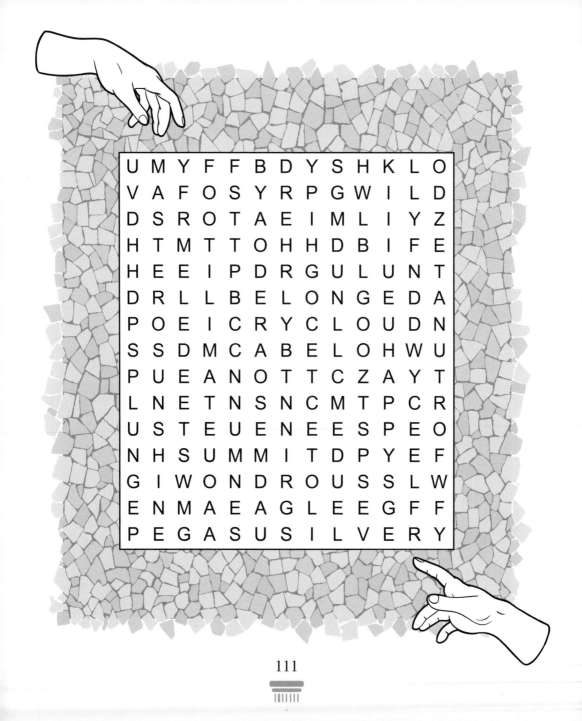

```
U M Y F F B D Y S H K L O
V A F O S Y R P G W I L D
D S R O T A E I M L I Y Z
H T M T T O H H D B I F E
H E E I P D R G U L U N T
D R L L B E L O N G E D A
P O E I C R Y C L O U D N
S S D M C A B E L O H W U
P U E A N O T T C Z A Y T
L N E T N S N C M T P C R
U S T E U E N E E S P E O
N H S U M M I T D P Y E F
G I W O N D R O U S S L W
E N M A E A G L E E G F F
P E G A S U S I L V E R Y
```

◊ AEGEUS

◊ AETHRA

◊ AMAZON WARRIORS

◊ ANTIGONE

◊ ARIADNE

◊ DIONYSUS

◊ HIPPOLYTUS

◊ IRON CLUB

◊ ISTHMIAN GAMES

◊ LABYRINTH

◊ LAPITHS

◊ MINOTAUR

◊ NAXOS

◊ ORACLE OF DELPHI

◊ PIRITHOUS

◊ POSEIDON

◊ SKYROS

◊ TROEZEN

```
S Y S S U T Y L O P P I H
Y F H U N S K Y R O S E B
M N G W O W U Z Y E N U K
L A E E D H B T S D L B G
D U W Z I V T C A C I M Y
I H P L E D O I N Y I P L
E P V G S O R O R N C S A
N C A O A R A O I H K B
O A Y R P I A T U T P E Y
G I I H U E A N I E S A R
I M C T G U A P T D M Y I
T H O E R X A P G A D A N
N T U A O L C W Z B B O T
A S E S C F N O K A Z P H
U I U D I O N Y S U S F Y
```

55 The Judgement of Paris from *Gods and Heroes of Ancient Greece* by Gustav Schwab, 1837

◆

When Aphrodite made this promise to Paris, the shepherd, she was wearing her girdle, which lent her irresistible loveliness. About her clung a shimmer of magic and hope before which the charms of the other goddesses paled. Dazzled by her radiance, Paris gave the goddess of love the golden apple he had received from Hera. Whereupon she and Athene angrily turned their backs and swore to revenge themselves for the wrong he had done them, upon Priam, his father, and upon Troy and all her people. From this moment on Hera, in particular, became the bitterest enemy of the Trojans. Aphrodite, however, solemnly repeated her promise and confirmed it with the oath of the gods. Then she took leave of the shepherd with a gesture both regal and tender and left him bewildered with happiness.

```
D E L Z Z A D Y E G O D S
V E L P O E P N O L U G S
F S E G C A E R S R A N N
T I L N C M T T I M T O A
N M D I Y I E H R A N R J
E O R R A N G K A T E W O
M R I A D P L A P H D C R
O P G E D Y H A M E L H T
M U R W L I S R G N O A S
D P R I A M A H O E G R K
G E S T U R E N I D R M C
D R E H P E H S C M I S A
R E V E N G E Z T E M T B
S S E N I P P A H K Y E E
S S E N I L E V O L L A R
```

◊ ACHILLES

◊ ACTAEON

◊ AEGEUS

◊ AJAX THE GREAT

◊ ATALANTA

◊ ATREUS

◊ CADMUS

◊ HECTOR

◊ HECUBA

◊ HERCULES

◊ IXION

◊ JASON

◊ MELEAGER

◊ MENELAUS

◊ PATROCLUS

◊ PERSEUS

◊ POLLUX

◊ PRIAM

```
U U N R P I H N H W T N X
E I Y R U E H S Y R A L U
Y F I R C I P A E O E H L
E A E T X E P G T K R E L
M R O I R M A H Y R G R O
T R O S E E T E N C E C P
E N E W L N R C T K H U N
V U R E V E O U P A T L S
S S M M C L C B A M X E I
U D C A T A L A N T A S H
E V T D S U U E B M J J N
G L L S U S S H R I A A C
E N O E A T C A D M U S A
A C H I L L E S F R N O S
B E C C N M H S T S V N H
```

57 The return of Persephone from *Herakles, the Hero of Thebes, and Other Heroes of the Myth*, by Mary E. Burt and Zénaïde A. Ragozin, 1900

◆

Then Zeus sent Hermes to Hades to persuade him with sweet words to give up his wife and send her back to her mother since Demeter's anger could not be appeased without her. Hermes went down to the under-world to the King of the Dead, and said to him: "Immortal Hades, father Zeus has charged me to take thy wife from this dark realm back to the light of day that her mother may see her, for the anger of the goddess cannot be appeased. In her wrath she is starving men and depriving the gods of the honours that mortals bestow on them."

The grim king smiled and said to his wife, "Persephone, my queen, go to thy blue-robed mother and appease her wrath. The winter is over and thou must see the light of the sun. But first thou shalt eat with me of the pomegranate, the apple of love, for thou dost love me and this shall keep thee in remembrance of me." Then Persephone took from the king the pomegranate and ate it, for the grim Hades had made her truly a queen and had done honours to her. But she was glad to return to her mother and the blessed light of the day.

```
P G O D S Y S R U O N O H
E L S N A A M L A E R R A
C A R N S M Q A D E S E D
N D G E W D T U H M K T E
A E N F E M E T E S U N S
R Z I I E L O L U E Y I W
B M K W T M P E I A N W O
M N M I R G Z P D M I Y T
E R K G N I V R A T S L S
M U E Y L T H N W O D U E
E T E E Y I S T O O K R B
R E P O M E G R A N A T E
E R S E M R E H I R W Z V
B L E S S E D Y T F W K O
D A E D D E G R A H C Z L
```

◊ ADVICE

◊ APOLLO

◊ CAVERN

◊ CHASM

◊ CROESUS

◊ DELPHI

◊ GAIA

◊ PRIESTESS

◊ PROPHESIES

◊ PYTHIA

◊ RELIGIOUS

◊ SANCTUARY

◊ SERPENT

◊ SIBYL

◊ SOCRATES

◊ TEMPLE

◊ WISDOM

◊ XENOPHON

```
A C R A R A O V G G I B
D O R P I E A E S B F U Y
V T E K E A H B E I W R Y
I R L A P R G O R S B O D
C D I I Y T E M P L E Y E
E M G H H K L S E K V S L
X S I T V E U C N N W B P
E A O Y Y S E L T M M A H
N H U P E S I M W N M F I
O C S O C R A T E S O E N
P A R I V U V C F O D M H
H C Y R A U T C N A S E S
O M M P R O P H E S I E S
N S S E T S E I R P W A S
O L L O P A C A V E R N O
```

59   How the king came home from *The Adventures of Ulysses the Wanderer* by Guy Thorne, 1902

◆

At last Athene saw that her time had come, and she lifted her terrible war shield which brings death to the sons of men. And the flight of spears all went far wide of the mark, and some fell with a rattle upon the floor. With one cry of triumph the king leapt like light among the crowd. Hither and there flashed the three swords like swooping vultures, and Athene took all power from the princes, and one by one they screamed and met their doom…

And that night great beacons flared on the hills, and far out to sea the fishermen saw them and said, "Surely the king has come home again." And while the music rang though the lighted palace and the people passed before the gates shouting for joy, old Euryclea spread the marriage bed of the king by the light of flaming torches. And when all was prepared, the old nurse went to Ulysses and Penelope and led them to the door of the marriage chamber, as she had led them twenty years before. Then the music ceased in the palace halls and silence fell over all the house.

M O O D A E L C Y R U E N
R E B M A H C Y L E R U S
S D R O W S E R U T L U V
K R A M U S I C O T Y L P
U E S R U N A M R W E Y E
E C N E L I S E A R D S N
N R O O D L G N T E T S E
E E C A L A P Y T D E E L
H W M I I G T F L P M S O
T O H R Z N I E E U O C P
A P R L E L I N I G H T E
R A W W I H S E H C R O T
M V T P S G S S E T A G G
D E S A E C H I H O U S E
H P M U I R T T F L O O R

- ◊ AMBROSIA
- ◊ ANIMA
- ◊ APHRODITE
- ◊ BREATH OF LIFE
- ◊ BUTTERFLY WINGS
- ◊ CANDLE
- ◊ CUPID
- ◊ EROS
- ◊ GOLDEN FLEECE

- ◊ JEALOUS
- ◊ MORTAL
- ◊ ORACLE
- ◊ SORTING GRAIN
- ◊ SOUL
- ◊ THREE TASKS
- ◊ TRUST
- ◊ TWO SISTERS
- ◊ ZEPHYRUS

```
N E A W W B O Y F I Z N C
S U R Y H P E Z Y C R I N
N A M I N A S L T H S A E
F H H H R E F I A T L R D
A G T R U R O S S K B G L
I C G A E Y E U K T D S O
S P S T E T V O S W E L G
O C T E R R T L E S M R W
R U D U L R B A Z C O L S
B U S E A D O E A S T U H
M T R N C R N J P D O E L
A O H U A A F A V L D A A
S K P C Z C P D C P A O R
V I L U L A T R O M I R T
D E A P H R O D I T E H E
```

61   The Stealing of Helen from *Tales of Troy and Greece* by Andrew Lang, 1907

◆

Then Paris knew that he had never seen, and never could see, a lady so lovely and gracious as Helen as she sat and span… and Helen knew that among all the princes in the world there was none so beautiful as Paris. Now some say that Paris, by art magic, put on the appearance of Menelaus, and asked Helen to come sailing with him, and that she, thinking he was her husband, followed him, and he carried her across the wide waters of Troy, away from her lord and her one beautiful little daughter, the child Hermione. And others say that the Gods carried Helen herself off to Egypt, and that they made in her likeness a beautiful ghost, out of flowers and sunset clouds, whom Paris bore to Troy, and this they did to cause war between Greeks and Trojans… But Helen was very unhappy in Troy, and blamed herself as bitterly as all the other women blamed her.

```
B T A N O W E L I T T L E
S E S S E C N I R P H M S
R H A O B M N A P S I Y K
E E E U H O O A T B N P E
W M T R T G R W P I K P E
O B S E M I Z E Y T I A R
L G L S S I F R G T N H G
F S N A E N O U E E G N R
T R E I M N U N L R S U A
R E V T L E E S E L R S C
O H E R O I D K Z Y E S I
J T R O R M A G I C T O O
A O C Y D A L S V L A R U
N E L E H D E K S A W C S
S U S U A L E N E M R A W
```

◊ ACHAEANS

◊ ACHILLES

◊ AGAMEMNON

◊ ARTEMIS

◊ ATHENA

◊ GODS

◊ HECTOR

◊ HELEN

◊ HERA

◊ HOMER

◊ HORSE

◊ NESTOR

◊ ODYSSEUS

◊ PELEUS

◊ PHOENIX

◊ PRIAM

◊ TROJANS

◊ ZEUS

```
M S U E S S Y D O Z E K R
A V H S I M E T R A Z M Y
I D E E S B N T H O R S E
R T P A R V Z R D Z C T S
P K P W G O E S R M U S F
I V T C C A T E F E N O X
E Z B P T R M C N A I E I
I A T B O O A E E M T N
R P C T H N C A M H L Z E
T F S G W R H E O N E E O
N E O I G C I W H U O W H
N D G N A N L H S M U N P
S W F R P E L E U S W O Z
N D E A T H E N A C Y B V
T H R V Z N S N A J O R T
```

63   Passage on Aphrodite from *The Mythology of Greece and Rome* by Otto Seemann, 1877

◆

The poets paint <u>Aphrodite</u> as the most beautiful of all the <u>goddesses</u>, whose <u>magic</u> power not even the <u>wisest</u> could <u>withstand</u>. Even wild <u>animals</u> were conscious of her <u>influence</u>, and pressed round her like <u>lambs</u>. She was <u>endowed</u> with the celebrated love-begetting magic <u>girdle</u>, which she could lay aside at will and <u>lend</u> to others. And as she thus gave rise to <u>passion</u> in <u>others</u>, she herself was not <u>free</u> from its influence. This is evidenced by the numerous <u>stories</u> of her amours with the <u>gods</u> or <u>favoured</u> mortals… No <u>children</u> are mentioned as springing from the <u>union</u> of Aphrodite with Hephæstus; but Eros and <u>Anteros</u>, as well as <u>Demus</u> and <u>Phobus</u>, are said to be her children by <u>Ares</u>… The goddess appears ever <u>ready</u> to assist <u>unfortunate</u> lovers… on the other <u>hand</u>, she <u>punishes</u> with the utmost <u>severity</u> those who from <u>pride</u> or <u>disdain</u> resist her <u>power.</u>

```
S M G E T I D O R H P A P
E A I P D N A T S H T I W
I G R O N E R D L I H C D
R I D W R I M L A M B S E
O C L E C N E U L F N I W
T G E R P U N I S H E S O
S O N D S D I S D A I N D
E D O O E D I R P N D A N
V D O Y I R O T B O N N E
E E T D Y S U G B I E T S
R S H A N D S O M N L E U
I S E E R F T A V U R R B
T E R R Z D L T P A T O O
Y S S W I S E S T C F S H
U N F O R T U N A T E R P
```

Lesser Gods

◊ ADONIS

◊ ARISTAEUS

◊ BOREAS

◊ CHARON

◊ DEIMOS

◊ EREBUS

◊ KRATOS

◊ MOMUS

◊ MOROS

◊ MORPHEUS

◊ NEREUS

◊ NOTUS

◊ PAEAN

◊ PLUTUS

◊ PRIAPUS

◊ THANATOS

◊ TRITON

◊ ZELUS

```
F A S O T A N A H T I Y S
H R R E F O T D C D Z D U
P O E I T V A R T O P F L
L N W U S R D B I Z C G E
U E S M W T Z E R T N M Z
T T T L V K A V I A O I O
U U P S R M K E E M G N S
S S F A O B H A U G O U U
D S T E H M P S P S E S P
I O E R E B U S A H U N A
S K I O G D K D P N T E I
L Y G B Y N O R P R B R R
S O R O M N O R A H C E P
A L L E I M R G Y S E U Z
V O S S T G Y P R H K S Z
```

65   Opening passage from Book 1 of *The Iliad of Homer*, translated by Alexander Pope, 1899

◆

In the <u>war</u> of <u>Troy</u>, the Greeks having <u>sacked</u> some of the neighbouring <u>towns</u>, and taken from thence <u>two</u> beautiful <u>captives</u>, Chryseïs and Briseïs, allotted the <u>first</u> to Agamemnon, and the last to <u>Achilles</u>. <u>Chryses</u>, the father of Chryseïs, and <u>priest</u> of <u>Apollo</u>, comes to the Grecian <u>camp</u> to <u>ransom</u> her; with which the <u>action</u> of the poem opens, in the <u>tenth</u> year of the <u>siege</u>. The priest being <u>refused</u>, and insolently dismissed by <u>Agamemnon</u>, entreats for <u>vengeance</u> from his <u>god</u>; who inflicts a <u>pestilence</u> on the Greeks. Achilles calls a <u>council</u>, and encourages <u>Chalcas</u> to declare the cause of it, who attributes it to the refusal of Chryseïs. The <u>king</u> being <u>obliged</u> to <u>send</u> back his captive, <u>enters</u> into a <u>furious</u> contest with Achilles, which <u>Nestor</u> pacifies; however, as he had the <u>absolute</u> command of the <u>army</u>, he <u>seizes</u> on Briseïs in <u>revenge</u>. Achilles in discontent withdraws himself and his <u>forces</u> from the rest of the <u>Greeks</u>.

```
Y R A W L S E V I T P A C
O B G E V E N G E A N C E
R S A C L A H C P K F T F
T R M T O W N S P G U I O
S S E C S A C K E D R O R
E Z M V D E C H S S I N C
I M N S E S T H T D O G E
R C O S I N K U I F U N S
P O N S E E G E L L S I O
N U P T N N G E E O L K W
E N Y M R A D E N R S E T
S C S E S Y R H C H G B S
T I P M A C S R E T N E A
O L L O P A S E I Z E S L
R E F U S E D E G I L B O
```

◊ ACHILLES

◊ ANVIL

◊ APHRODITE

◊ AUTOMATONS

◊ BELLOWS

◊ BLACKSMITH

◊ CHAINS OF PROMETHEUS

◊ FORGE

◊ GOD OF FIRE

◊ HAMMER

◊ IMPAIRMENT

◊ KARKINOPOUS

◊ LEMNOS

◊ PANDORA

◊ PEACE-LOVING

◊ VOLCANOES

◊ VULCAN

◊ WAR OF THE GIANTS

```
V E I S W O L L E B S N B
O R M O U I D D K A Z L K
L I V N A S Y M U T A A G
C F T B L N D T N C R N U
A F Y Z M E O E K K I L P
N O S L A M M S I V P S C
O D O M A R M N O M R F D
E O P T I I O L O Y U O S
S G O A T P E D N S H R E
U N P H O C S T N A I G L
S M Z U A I V F M A Z E L
I E S E U P N M Y T P A I
A D P R O M E T H E U S H
U M A P H R O D I T E S C
V R C N A C L U V B E C A
```

67   War with the Titans from *A Book of Giants: Tales of Very Tall Men of Myth, Legend, History, and Science* by Henry Wysham Lanier, 1922

◆

In hot <u>wrath</u> Earth brought forth the most terrific <u>monster</u> yet seen. <u>Typhon</u> was he called, the <u>greatest</u> of <u>Earth's</u> children, half man and half <u>animal</u>: he was <u>human</u> to the loins and was so huge that he <u>towered</u> over the <u>mountains</u> while his head knocked against the <u>stars</u>. His outstretched arms <u>reached</u> from <u>sunrise</u> to <u>sunset</u>, and a hundred <u>dragon</u> heads shot from his <u>shoulders</u>. Instead of legs he moved on vast, rustling snaky <u>coils</u>; his whole body was <u>feathered</u>; bristly hair <u>floated</u> in the wind from his head and <u>chin</u>, and fire streamed from his <u>eyes</u>…

And at <u>last</u>, as Typhon was compelled to <u>flee</u> across the Sicilian sea, Zeus threw the towering mountain of <u>Etna</u> on <u>top</u> of him and <u>buried</u> him there forever. Here he <u>lies</u> still, <u>turning</u> and groaning at times, while fires <u>blaze</u> up from the <u>hurled</u> lightnings. After that there was <u>nobody</u> in <u>heaven</u>, earth or the underworld who dared <u>dispute</u> the supreme <u>dominion</u> of <u>Zeus</u>.

```
G N I N R U T E A R T H S
R N O G A R D I S P U T E
D D E R E H T A E F W M Z
S E L T S E T A E R G O A
N R T L A M I N A E T U L
O I E A R P O T V E E N B
B D H D O E H Z E L S T S
O O E C L L A S E F N A E
D M D R S U F C R U U I S
Y I O E E E O S H A S N U
E N Z N L W Y H E E T S N
T I R S S R O E S I D S R
N O H P Y T U T S A L U I
A N N E V A E H U M A N S
S L I O C B U R I E D B E
```

- ◊ AESCHYLUS
- ◊ ANIMAL SACRIFICE
- ◊ BOUND
- ◊ CAUCASIAN EAGLE
- ◊ DEMIGOD
- ◊ GIVER OF THE ARTS
- ◊ GOD OF FIRE
- ◊ MOUNT OLYMPUS
- ◊ PECKING

- ◊ PUNISHMENT
- ◊ REBELLION
- ◊ REGENERATING LIVER
- ◊ ROCK
- ◊ SCYTHIA
- ◊ STEALING
- ◊ TITAN
- ◊ TORTURED
- ◊ WRATH

```
N S T K L O N F S T Y N T
D H T R K D L R T V U E N
S N T E U T E Y V H U R E
U C U A A T H H M F T I M
L G Y O R L O E N P S F H
Y R Y T B W I R A O U C S
H E K Y H W D N T R A S I
C B Y N E I D A G U T G N
S E N V S E A N C R R S U
E L R A M G I A O E Y E P
A L E I T K S W S V N P D
U I G E C I C P T I W C G
P O N E A H T O K L D P B
D N P N I O F K R Y N N Y
S A C R I F I C E M I G N
```

Passage on the Greek gift from
Mythology: Timeless Tales of Gods and Heroes by Edith Hamilton, 1942

◆

The people flocked to the abandoned Greek camp to see the sights: here Achilles had sulked so long; there Agamemnon's tent had stood; this was the quarters of the trickster, Odysseus. What rapture to see the places empty, nothing in them now to fear. At last they drifted back to where that monstrosity, the wooden horse, stood, and they gathered around it, puzzled what to do with it. Then the Greek who had been left behind in the camp discovered himself to them. His name was Sinon, and he was a most plausible speaker… So it befell that by false cunning and pretended tears those were conquered whom great Diomedes had never overcome, nor savage Achilles, nor ten years of warfare, nor a thousand ships.

```
S P I H S Y B O E D M T O
T S O M U D E K C O L F V
L S E L L I H C A O D E E
R E T S K C I R T T E D R
A G A M E M N O N S L E C
P M A C D A D L A W Z R O
D E D N E T E R P O Z E M
O D I O M E D E S O U H E
D I S C O V E R E D P T S
Y K E E R G K P S E T A T
S D E T F I R D L N V G H
S I B C F W A R F A R E G
E G N I N N U C G E C V I
U V A O B E F E L L A E S
S W C O N Q U E R E D R S
```

1. APHRODITE'S FISH
2. AQUARIUS
3. ARES GOD OF WAR
4. ASTRAEA
5. CAPRICORN
6. CERUS THE BULL
7. CHIRON THE CENTAUR
8. GEMINI
9. ORION
10. PISCES
11. SAGITTARIUS
12. SCALES OF JUSTICE
13. SCORPIO
14. TAURUS
15. THE NEMEAN LION
16. THE SEA-GOAT
17. VIRGO
18. ZEUS'S CUP BEARER

```
T A O G A E S O Y T T W F
G Z V U F G I U M O I H B
H D L I M P E W R G H C K
Z S I S R O W M V E A U S
C F E O E C R I I E C P U
T H C C A T R I A N T B I
A S S E S G I R O N I E R
U K E U O I T D O N I A A
R Y T R I S P R O E O R T
U R B M A R I O S R F E T
S K E H Z H A L N M H R I
U B N T C U B U P S S P G
A J U S T I C E Q L N H A
R G N R O C I R P A C T S
N E M E A N L I O N U Z W
```

The Golden Fleece in *The Argonautica*,
by Rhodius Apollonius,
translated by R. C. Seaton, 1912

◆

At that time did Jason uplift the mighty fleece in his hands; and from the shimmering of the flocks of wool there settled on his fair cheeks and brow a red flush like a flame. And great as is the hide of a yearling ox or stag, which huntsmen call a brocket, so great in extent was the fleece all golden above. Heavy it was, thickly clustered with flocks; and as he moved along, even beneath his feet the sheen rose up from the earth. And he strode on now with the fleece covering his left shoulder from the height of his neck to his feet, and now again he gathered it up in his hands; for he feared exceedingly, lest some god or man should meet him and deprive him thereof.

```
O F F T D E R E H T A G L
S L E X T E N T E E M N V
K E E L N E D L O G O I S
C E T G R E A T O W F L H
O C D B V L E D D E C R I
L E D O R T S E A H L A M
F T M C E N P R E E H E M
N O S A J R E E S R U Y E
E T R T I D K T U E N S R
E T H V A S C S P D T D I
H V E E S G E U L L S N N
S Z W O R B N L I U M A G
Y V A E H E A C F O E H P
G N I R E V O C T H N A M
B R O C K E T F H S U L F
```

147

◊ ATHENA

◊ CAUTIONARY TALE

◊ COBWEBS

◊ FOUR CORNERS

◊ HECATE'S HERB

◊ HYPAEPA

◊ IDMON OF COLOPHON

◊ INSULTED THE GODS

◊ INVENTED LINEN

◊ LYDIAN MAIDEN

◊ MOCKING ZEUS

◊ OVID

◊ PHALANX

◊ SHEPHERD'S DAUGHTER

◊ SHUTTLE

◊ SPIDER

◊ SPINNING

◊ WEAVER

```
S R C W A Y S L B W M A M
D G A S G Z F H S I T F G
R W U B A P L I U H F G N
E Z T H E R B E E T Z Y S
H G I H V Z W N G C T P S
P V O H Y P A E P A I L B
E D N C G C G N A D H Y E
H I A E O N N L E V R A W
S N R N G R I R Y Y E H B
N S Y O V N N K N D H R O
E U I M P F N E C Y I T C
N L K D U R I W R O C A L
I T D I V O P S N S M T N
L E I P S Y S O S I E A B
I D K P H A L A N X V Y K
```

149

73   Introduction from *The Odyssey* by Homer, translated by Samuel Butler, 1900

◆

And the goddess, grey-eyed Athene, answered him, saying: 'O father, our father Cronides, throned in the highest; that man assuredly lies in a death that is his due; so perish likewise all who work such deeds! But my heart is rent for wise Odysseus, the hapless one, who far from his friends this long while suffereth affliction in a sea-girt isle, where is the navel of the sea, a woodland isle, and therein a goddess hath her habitation, the daughter of the wizard Atlas, who knows the depths of every sea, and himself upholds the tall pillars which keep earth and sky asunder... Did not Odysseus by the ships of the Argives make thee free offering of sacrifice in the wide Trojan land? Wherefore wast thou then so wroth with him, O Zeus?'

```
Z T E S Y L D E R U S S A
A S S E D D O G R K T D L
H A B I T A T I O N H E E
T W S L Z P S W E I V P S
O S A H L E M R G A T T I
R D C E L R U H N H P H W
W L R A A I E S E G N S D
V O I R T S S E L P A H N
A H F T T H R D W H J Z A
S P I H S E E I I O O K L
U U C T H S D N E I R F D
N R E T A E S O E C T K O
D O A O F F E R I N G S O
E F A F F L I C T I O N W
R A R G I V E S A T L A S
```

◊ BONES OF THEIR MOTHER

◊ BRONZE AGE

◊ DELUGE

◊ FATHER OF GREEKS

◊ FLOATING HOUSE

◊ GREAT FLOOD

◊ HELLEN

◊ KING OF PHTHIA

◊ LYCAON

◊ MOUNT PARNASSOS

◊ NINE DAYS AND NIGHTS

◊ NOAH'S ARK

◊ PROMETHEUS

◊ PYRRHA

◊ RIGHTEOUS

◊ SACRIFICE

◊ THROWN STONES

◊ WASHED AWAY

```
F  P  S  T  H  G  I  N  P  F  S  A  B
L  C  H  U  S  A  L  G  Z  A  S  G  S
O  U  D  T  R  B  D  W  C  Y  N  M  E
O  D  C  W  H  E  L  R  A  I  U  R  N
D  P  A  D  L  I  I  V  T  S  C  L  O
N  S  A  U  D  F  A  A  N  Z  H  N  B
C  O  G  R  I  M  O  L  E  Y  K  E  U
N  E  A  C  N  L  O  B  L  F  K  E  D
O  G  E  C  F  A  D  T  L  B  Z  Y  V
A  Z  K  Z  Y  W  S  K  E  E  R  G  C
H  N  U  T  V  L  I  S  H  T  I  Y  U
S  E  N  O  T  S  B  R  O  N  Z  E  N
A  P  Y  R  R  H  A  V  Z  S  M  C  I
R  D  P  R  R  I  G  H  T  E  O  U  S
K  R  G  S  U  E  H  T  E  M  O  R  P
```

On Hephaestus from *Greek Studies:*
A Series of Essays by Walter Pater, 1910

◆

Hephaestus is the god of fire, indeed; as fire he is flung from heaven by Zeus; and in the marvellous contest between Achilles and the river Xanthus in the twenty-first book of the Iliad, he intervenes in favour of the hero, as mere fire against water. But he soon ceases to be thus generally representative of the functions of fire, and becomes almost exclusively representative of one only of its aspects, namely, he becomes the patron of smiths, bent with his labour at the forge. That the god of fire becomes the god of all art, architecture included, so that he makes the houses of the gods, and is also the husband of Aphrodite, marks a threefold group of facts; the prominence, first, of a peculiar kind of art in early Greece, that beautiful metal-work, with which he is bound and bent; secondly, the connexion of this, through Aphrodite, with an almost wanton personal splendour; the connexion, thirdly, of all this with Cyprus and Phoenicia, whence, literally, Aphrodite comes. Hephaestus is the "spiritual form" of the Asiatic element in Greek art.

```
D E E D N I S R U O B A L
E D O G A S P E C T S S A
D N M S W A N T O N H P U
U A O U T S G A B D E L T
F B I O S A M W E D A E I
A S N L R P C I N K V N R
V U C L I H F I T N E D I
O H L E F R K P T H N O P
U T U V B O U N D A S U S
R N D R C D A R T F I R E
G A E A V I F O R G E S F
R X D M E T A L W O R K A
E R U T C E T I H C R A C
E O C G E N E R A L L Y T
K H O U S E S C Y P R U S
```

◊ CENTAUR

◊ CETUS

◊ CHARYBDIS

◊ CHIMERA

◊ CYCLOPES

◊ DELPHIN

◊ DRYAD

◊ GRIFFIN

◊ HIPPOCAMPUS

◊ LAELAPS

◊ LEOPARD

◊ MINOTAUR

◊ NEMEAN LION

◊ PEGASUS

◊ SEA GOAT

◊ SNAKES OF HERA

◊ UNICORN

◊ XANTHUS

```
N  I  F  F  I  R  G  M  V  D  S  P  Y
F  C  M  P  H  H  L  A  E  L  A  P  S
S  T  I  P  C  U  E  L  N  A  M  R  E
S  U  R  N  P  Y  P  Z  D  G  C  U  A
N  F  P  A  R  H  C  A  W  H  L  A  G
A  A  E  M  I  O  Y  L  A  L  N  T  O
K  F  G  N  A  R  C  R  O  E  H  N  A
E  D  A  R  D  C  Y  I  M  P  U  E  T
S  R  S  F  U  B  O  E  N  Y  E  C  C
O  A  U  E  D  A  A  P  C  U  O  S  E
F  P  S  I  W  N  T  V  P  E  R  W  V
H  O  S  K  L  F  I  O  R  I  T  G  W
E  E  O  I  W  U  A  A  N  F  H  U  S
R  L  O  B  W  A  R  E  M  I  H  C  S
A  N  S  U  H  T  N  A  X  R  M  U  P
```

77 Ulysses and Polyphemus from *The Adventures of Ulysses the Wanderer* by Guy Thorne, 1902

◆

"Let us begone," said Ulysses at length. "There is what I do not like in the air. I fear evil." He had but hardly made an end of speaking when all of them there were struck rigid with apprehension. Behind them, towering over the wall, as tall as the tallest pine on the slopes of Hymettus, strode Polyphemus, the giant king of the Cyclopes, son of the God Poseidon…

The giant looked fixedly at the trembling band for a moment. Then, with a sudden movement, he snatched among the mariners and grasped two of them in his mighty hand. The swift horror remained with them in all their after life. He stripped the clothes from each like a man strips the scales from a prawn with one quick twirl of his fingers. Then he dashed the quivering bodies upon the ground so that the yellow paste of the brains smeared the stone — save for the horrid crunching of bone and flesh, and the liquid gurgle of the monster's throat as he made his frightful meal, there was no sound.

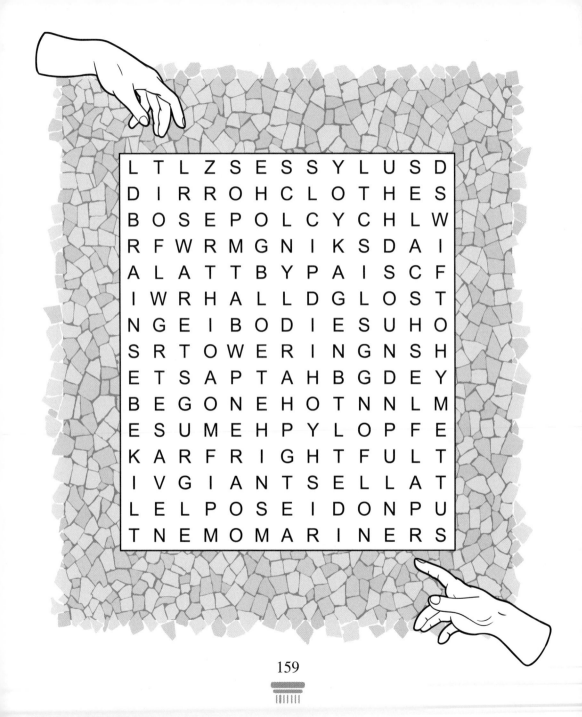

```
L T L Z S E S S Y L U S D
D I R R O H C L O T H E S
B O S E P O L C Y C H L W
R F W R M G N I K S D A I
A L A T T B Y P A I S C F
I W R H A L L D G L O S T
N G E I B O D I E S U H O
S R T O W E R I N G N S H
E T S A P T A H B G D E Y
B E G O N E H O T N N L M
E S U M E H P Y L O P F E
K A R F R I G H T F U L T
I V G I A N T S E L L A T
L E L P O S E I D O N P U
T N E M O M A R I N E R S
```

- A <u>THOUSAND</u> SHIPS
- <u>ARIADNE</u>
- <u>CIRCE</u>
- <u>GIRL</u> MEETS BOY
- <u>HEROES</u>
- HOUSE OF <u>NAMES</u>
- <u>ITHACA</u>
- <u>MYTHOS</u>
- <u>PANDORA'S</u> JAR

- QUEENS OF <u>THEMISCYRA</u>
- STONE <u>BLIND</u>
- THE LIGHTNING <u>THIEF</u>
- THE <u>MAIDENS</u>
- THE <u>PENELOPIAD</u>
- THE <u>SILENCE</u> OF THE GIRLS
- THE SONG OF <u>ACHILLES</u>
- THE <u>WOLF DEN</u>
- <u>ULYSSES</u>

```
F A S L H H S I L E N C E
D E S M Z R E N T H E E F
C C I Z S C M R F W R S H
O D U H R S A R O D N A P
A S A I T Z N L F E S P T
C E C I R O F S D F S A A
H M N V P D U I Z D H R W
I T A D E O A D N W Y Y K
L Z H N A M L A R C R M B
L B V I H I S E S S Y L U
E Z L G T U R I N T T N D
S R I I O H M A H E Z E S
G R S H N E A O B P P B P
L D T A H D S C P R I N V
I G R T R C I T A W R U R
```

161

Lesser Deities of Olympus from *Greek and Roman Mythology* by Jessie M Tatlock, 1917

---◆---

The Nine Muses, daughters of Zeus and Mnemosyne, presided each over a distinct form of poetry, art, or science. They formed the chorus of Apollo, the god of music, and with him haunted the heights of Parnassus or Helicon, or danced about the springs of Pieria. Their names, their functions, and their emblems are as follows: Clio, the muse of history, holds a roll of writing; Calliope, the muse of epic poetry, holds a tablet and pen; Melpomene, the muse of tragedy, holds a tragic mask; Tha li'a, the muse of comedy, holds a comic mask or wears the distinctive costume of the actor of comedy; Terpsichore, the muse of the choral lyric and the dance, wears a long garment and holds a lyre; Erato, the muse of love poetry, wears a thin garment and holds a lyre; Euterpe, the muse of flute music, holds a double flute; Urania, the muse of astronomy, holds a globe; Polymnia, the muse of religious poetry or the pantomime, is represented in an attitude of meditation.

```
T H A L I A S U R O H C W
N M F E P O I L L A C C T
H E E U C Y R T E O P O A
E E A L N H O U H N V M P
L C I Y P C D T R I D E O
I O N G M O T M A A N D L
C A E E H O M I U R N Y L
O T U L I T N E O S E I O
N T T Y M C S O N N E E A
P I E R I A S E R E S S L
C T R E T F H I S T O R Y
I U P O L Y M N I A S W R
S D E U E M B L E M S A I
U E T R A G E D Y N G Z C
M E C A E N Y S O M E N M
```

◊ CAMPE

◊ CETEA

◊ CYCHREIDES

◊ DELPHYNE

◊ DRACAENAE

◊ ECHIDNA

◊ HELIOS

◊ ISMENIAN

◊ LADON

◊ MEDEA

◊ OPHIOGENEAN

◊ POENA

◊ PYRAUSTA

◊ RHODIAN

◊ SCYLLA

◊ SYBARIS

◊ THESPIAN

◊ TYPHON

```
I O I U P I F H B O C M K
S A N D I H C E O W T E R
Y N M H E L I O S G L D I
B R A C Y C H R E I D E S
A T Z E N E Z V N D O A M
R C H O N A R O R E H R E
I A D E E E H Z A C H H N
S A L T S P G N P O Y W I
L T E L Y P E O D O R I A
C C D T Y A I I I S E D N
D A I G C C A A H H I N F
H C M A C N S B N E P A A
T D R P Y R A U S T A O D
I D I D E L P H Y N E V R
O I E V W Y R L V S A A H
```

The Legend of Pandora from
A Book of Myths by Jean Lang, 1942

To <u>Pandora</u> the world into which she came was all <u>fresh</u>, all new, quite full of unexpected <u>joys</u> and delightful <u>surprises</u>. It was a world of <u>mystery</u>, but mystery of which her <u>great</u>, adoring, simple <u>Titan</u> held the golden <u>key</u>. When she saw the <u>coffer</u> which never was opened, what then more <u>natural</u> than that she should ask <u>Epimethus</u> what it <u>contained</u>? But the <u>contents</u> were known only to the <u>gods</u>.

Day by day, the <u>curiosity</u> of Pandora increased. To her the gods had <u>never</u> given anything but good. <u>Surely</u> there must be here <u>gifts</u> more <u>precious</u> still. What if the <u>Olympians</u> had destined her to be the one to open the <u>casket</u>, and had sent her to <u>earth</u> in order that she might <u>bestow</u> on this dear world, on the <u>men</u> who lived on it.

Thus did there come a <u>day</u> when Pandora, unconscious instrument in the hands of a <u>vengeful</u> Olympian, in all <u>faith</u>, and with the <u>courage</u> that is born of faith and of <u>love</u>, opened the <u>lid</u> of the <u>prison-house</u> of <u>evil</u>.

```
T E K S A C B U S S U S L
A D A Y L E R U S Y D I E
R T A E R G H N R O D D S
O L A R U T A N G J E T U
D O R S E I G M E N C S O
N V B M P N I W I B U V H
A E I M E H F A M R R E N
P P Y V T E T Y P E I N O
E L E I V N S R F G O G S
O R A I O T I F B A S E I
H F L C E S O E N R I F R
T R B R E C S E A U T U P
R E Y S A T B T T O Y L O
A S E T O S U O I C E R P
E H K W B C O N T E N T S
```

◊ <u>ACHERON</u>

◊ <u>AVERNUS</u>

◊ <u>BIDENT</u>

◊ <u>CERBERUS</u>

◊ <u>CHARON</u>

◊ <u>COCYTUS</u>

◊ <u>ELEUSINIAN</u> MYSTERIES

◊ <u>ELYSIAN</u> FIELDS

◊ <u>EREBUS</u>

◊ FIELDS OF <u>ASPHODEL</u>

◊ <u>LETHE</u>

◊ <u>MINTHE</u>

◊ <u>ORPHEUS</u>

◊ <u>PHLEGETHON</u>

◊ <u>PLUTO</u>

◊ POOL OF <u>MNEMOSYNE</u>

◊ <u>STYX</u>

◊ <u>TARTARUS</u>

```
S U N R E V A R E M K T N
E H O F F O D R Y K N H S
W L R O R R E A V E A U C
U E E M A B U S D O L O M
Y D H U U R U I C U C E N
P O C S S R B H L Y E H E
U H A V A I A G T C R T M
U P L T F R N U C P B N O
N S R E O E S I L D E I S
L A U N G P H N A H R M Y
T O I E F E N T B N U M N
M T K S H Y T S E S S K E
U U D D Y P D H T L Z P S
I L E K K L R A O Y S Y Z
I P I K E K E O N N X D S
```

83   The Roman Saturnalia from *The Golden Bough: A Study of Magic and Religion* by Sir James George Frazer, 1890

◆

This famous festival fell in December, the last month of the Roman year, and was popularly supposed to commemorate the merry reign of Saturn, the god of sowing and of husbandry, who lived on earth long ago as a righteous and beneficent king of Italy, drew the rude and scattered dwellers on the mountains together, taught them to till the ground, gave them laws, and ruled in peace. His reign was the fabled Golden Age: the earth brought forth abundantly: no sound of war or discord troubled the happy world: no baleful love of lucre worked like poison in the blood of the industrious and contented peasantry. Slavery and private property were alike unknown: all men had all things in common.

```
Y T R E P O R P P E A C E
D U B A L E F U L N W N A
N Y L T N A D N U B A E R
U D E A M S W N E M Z S T
O S I O S R L S O O K L H
R W U S A T U R N U C A A
G S M O C V S D T N O V P
D D R B E O A O E T N E P
U E I E R T R G W A T R Y
P C L T L O H D A I E Y C
O E E B A L U G F N N N O
I M R O A L E G I S T G M
S B C H P F Y W H R E I M
O E U W B L O O D T D E O
N R L U N K N O W N B R N
```

- ◊ ADORNMENT
- ◊ AGLAEA
- ◊ BEAUTY
- ◊ BLOOMING
- ◊ CHARM
- ◊ CHEER
- ◊ CREATIVITY
- ◊ DANCE
- ◊ FESTIVITY

- ◊ GOODWILL
- ◊ JOY
- ◊ MIRTH
- ◊ MYRTLE
- ◊ NATURE
- ◊ SHINING
- ◊ SONG
- ◊ THALIA
- ◊ THREE

```
Y T I V I T A E R C Y R E
B M W F E S T I V I T Y C
L A Y A N A G L W Z E M N
O I M R U A A N U C S I A
O Y B V T D T E I Z M R D
M T S A C L A U A N S T D
I U D H P I E D R L I H C
N A E H L R O I G E G H Z
G E A A N R L N T F E A S
R B H G N G O O D W I L L
I T T M O S I R D R K Z F
C U E H M Y M R A H C Y T
D N I K R M H J H W P D V
T D U U V E B O U K N Z E
P P H L U N E Y B C W D P
```

85   The Flight of Medea from *Gods and Heroes of Ancient Greece* by Gustav Schwab, 1837

When Jason hastened toward his house to find the murderess of his young bride and take vengeance on her, he heard the screams of his children. Running through the open door of their chamber he found them bleeding from deadly wounds, slain like victims at the altar. Medea was nowhere to be seen. When he left his house, he heard a rushing sound overhead. Looking up, he beheld her in a dragon-drawn chariot, which her magic art had conjured, riding the wind away from the scene of her revenge. Jason had no hope of punishing her for her crime. Despair engulfed him. His soul remembered the murder of Absyrtus. He rushed upon his sword and died on the threshold of his house.

```
G N I D E E L B N Z A V H
S S E R E D R U M P E I O
C R L T O I R A H C C C P
I C O D L O H S E R H T E
G O O O W O U N D S A I G
A N K M D S G N A B M M N
M J I A A U I S E R B S E
N U N D L F C B D I E V V
E R G F I R F V E D R B E
R E E D E R E B M E M E R
D D J A S O N D R A E H G
L R M Y A W A H O U S E N
I S O V E R H E A D E L U
H P C W E M I R C G E D O
C R A B S Y R T U S N T Y
```

- ◊ AMPHINOMUS
- ◊ ANTINOUS
- ◊ ATHENA
- ◊ CALYPSO
- ◊ CIRCE
- ◊ DISGUISE
- ◊ EUMAEUS
- ◊ HOMER
- ◊ ITHACA

- ◊ JOURNEY
- ◊ JUSTICE
- ◊ LAERTES
- ◊ PENELOPE
- ◊ POSEIDON
- ◊ SWINE
- ◊ TIRESIAS
- ◊ TROJAN WAR
- ◊ ZEUS

```
S H Z A K E L F I E F S G
E Y E W T S Z E U A U G Y
S L N G S Z C M N E G H P
I G I R A I A E Z G O N T
U K W Z T E H H S M O R B
G W S S U T Y A E D O I S
S Z U S A Y I R I J D I S
I J M T C S E E A Z S E N
D V O O E A S N A H T F O
Y L N R C O W T R R Y M S
A A I A P A H U E U D H P
A T H S R F Y A D C O B Y
Y T P E N E L O P E R J L
I W M K B D U D O E O I A
U A A N T I N O U S S B C
```

On Artemis from *Modern Mythology*
by Andrew Lang, 1897

◆

The last of the great Greek goddesses whom we have to consider is Artemis. Her name, we shall see, has received many interpretations… the goddess still closely connected with the worship of animals, a characteristic feature of the lowest stage of religious worship among the lowest races of mankind. We are then told the old story of Lykâon, the King of Arkadia, who had a beautiful daughter called Kallisto. As Zeus fell in love with her, Hêra from jealousy changed her into a bear, and Artemis killed her with one of her arrows. Her child, however, was saved by Hermes, at the command of Zeus; and while Kallisto was changed to the constellation of the Ursa, her son Arkas became the ancestor of the Arkadians. Here, we are told, we have a clear instance of men being the descendants of animals, and of women being changed into wild beasts and stars — beliefs well known among the Cahrocs and the Kamilarois.

```
S N W I R T C A H R O C S
I W E C B Y S U O L A E J
M O K O K S U E A N T C D
E N D M A W T R W P S N E
T K E M M O O A S O A A V
R N T A I M A R R A L T I
A R C N L E G N S S N S E
N E E D A N D L I H C N C
C D N A R K A S S M I I E
E I N H O S I R W T A P R
S S O E I G T D K O O L U
T N C R S U R S R A R R S
O O T M O H W E A N D R Y
R C Y E E R U T A E F I A
W O T S I L L A K T B C A
```

◊ ABYSS

◊ BIRDS

◊ CHASM

◊ CREATION

◊ ENERGY

◊ EREBUS

◊ EROS

◊ FIRST

◊ FOG

◊ FORMLESS

◊ GAIA

◊ GULF

◊ HESIOD

◊ INFINITE

◊ NYX

◊ SHADOW

◊ UNDERWORLD

◊ VOID

```
S D K T N V S Z L F C O N
Y S N D I O V U B E H G I
G M Y Z E N I B O A A V D
R C X B M T U T U A S S O
E P V F A Z I P A E M U E
N S E A I A G N M E N L A
E H W H W Z B L I D R A A
N A R Z A F O U E F G C F
F D R K L S O R E U N U O
C O L U T L W V I S H I R
S W G Z S O B Z Y C E R M
W D T V R E R E B U S P L
C C R L I N Y V W Y I Y E
W H D I F A A F Y R O K S
W N M H B R K W H A D I S
```

89   On Hercules from *Mythology: Timeless Tales of Gods and Heroes* by Edith Hamilton, 1942

◆

Throughout his life <u>Hercules</u> had this <u>perfect</u> confidence that no <u>matter</u> who was <u>against</u> him he could never be <u>defeated</u>, and <u>facts</u> bore him <u>out</u>. Whenever he <u>fought</u> with anyone the <u>issue</u> was certain beforehand. He could be <u>overcome</u> only by a supernatural <u>force</u>. Hera used hers against him with terrible <u>effect</u> and in the end he was <u>killed</u> by <u>magic</u>, but nothing that <u>lived</u> in the air, <u>sea</u>, or on <u>land</u> <u>ever</u> defeated him. <u>Intelligence</u> did not <u>figure</u> largely in <u>anything</u> he did and was often conspicuously <u>absent</u>. His intellect was not <u>strong</u>. His <u>emotions</u> were… This <u>power</u> of deep <u>feeling</u> in a <u>man</u> of his tremendous <u>strength</u> was oddly <u>endearing</u>, but it worked <u>immense</u> <u>harm</u>, too.

E S N E M M I R G Z E U A
S F O U G H T N S R D O N
E E V E R U O N U E D S Y
L R E R O R O G L F E T T
U N R M T I I L O V T R H
C E C S T F I R W E A E I
R N O O T K C S L U E N N
E D M E C E T T A S F G G
H E E N E L H C N S E T N
L A F A F G T A D I D H I
C R A F R N V F D E V I L
H I N T E L L I G E N C E
A N G S P C P O W E R A E
R G B A R E T T A M O E F
M A N L M G A G A I N S T

◊ *ANTIGONE*

◊ *ATLANTIS*

◊ *BLOOD OF ZEUS*

◊ *CLASH OF THE TITANS*

◊ *ELECTRA*

◊ *HELENA*

◊ *HERCULES*

◊ *IMMORTALS*

◊ *JASON AND THE ARGONAUTS*

◊ *MEDEA*

◊ *O BROTHER, WHERE ART THOU?*

◊ *OEDIPUS REX*

◊ *OLYMPUS*

◊ *ORPHEUS*

◊ *PERCY JACKSON & THE OLYMPIANS*

◊ *TROY*

◊ *ULYSSES*

◊ *XENA: WARRIOR PRINCESS*

```
Y O R T O G R K P U B S S
Z Z A W I L B N H L U R E
D D N L I T Y R A S A X L
Y K T C Z M A M O U E K U
L S I N E H M N P R S W C
F N G O X I O O S U N Z R
O A O H S L A U R W S A E
A I N B F T P E G T T O H
R P E H R I U C D L A B W
T M B A D O Y A A E Z L R
C Y L E N C T N N P M H S
E L O W C E T H D O U B K
L O O R V I X B E V G Z G
E S D F S U E H P R O R I
S E S S Y L U H E L E N A
```

On the Oracle from *Greece*
by James A. McClymont, 1906

◆

As we approached Delphi, the view presented sterner outlines and a wider range, embracing the dales and gorges of the Pleistus valley, and the rugged hills of Cirphis on the south, as well as the mighty range of Parnassus, with its outlying spurs and precipices. Of these the most remarkable and the most celebrated are the Phædriadæ or shining peaks, overshadowing the ancient sanctuary of Apollo, which was for centuries the religious centre of the Greek world, as the Vatican was to mediæval Christendom. The world-wide influence exerted by the Delphian oracle is one of the most interesting facts in all history. The Delphian oracle originated, no doubt, in the superstitious awe which the place inspired as the supposed centre of the earth, possessed of mysterious cavities by which it was believed possible to hold communication with the dead. In the earliest times it was connected with the worship of the earth-goddess Gæa or Gē, who sheltered the dead in her bosom. Later, the presiding deity was Themis, the goddess of law and order in the natural world. But during the whole historical period Apollo was the source of inspiration, the god of light and the highest interpreter of the divine will. During the three winter months Dionysus reigned, in the absence of Apollo.

S	S	E	I	T	I	V	A	C	Y	L	S	M
I	R	O	I	H	E	O	P	R	I	H	F	O
H	V	P	O	U	I	B	L	G	E	E	L	S
P	G	O	R	G	E	S	H	L	A	D	O	O
R	T	S	A	D	R	T	T	R	O	U	R	B
I	N	S	C	A	U	E	L	O	R	P	S	O
C	E	I	L	L	R	I	E	C	R	U	A	P
O	I	B	E	E	E	E	K	O	Y	L	I	
U	C	L	D	S	G	D	S	I	M	E	H	T
T	N	E	T	N	E	T	G	F	I	P	B	D
L	A	B	A	I	H	I	A	S	L	U	I	T
I	D	R	T	R	L	C	T	E	O	V	I	S
N	O	Y	E	E	T	U	D	D	I	H	H	O
E	G	E	R	S	S	H	I	N	I	N	G	M
S	C	H	R	I	S	T	E	N	D	O	M	E

◊ A THOUSAND <u>SHIPS</u>

◊ <u>ACHAEANS</u>

◊ <u>ACHILLES</u>' HEEL

◊ CASSANDRA'S <u>WARNING</u>

◊ GIANT <u>SERPENTS</u>

◊ GOLDEN <u>APPLE</u>

◊ <u>HECTOR'S</u> DEATH

◊ <u>HELEN</u>

◊ <u>HISARLIK</u>

◊ <u>HOMER</u>

◊ JUDGEMENT OF <u>PARIS</u>

◊ KING <u>MENELAUS</u>

◊ <u>PATROCLUS</u>

◊ <u>SIEGES</u>

◊ TEN YEAR <u>STALEMATE</u>

◊ <u>VIRGIL</u>

◊ <u>WALLED</u> CITY

◊ <u>WOODEN</u> HORSE

Y A N E A U S U V U Y D B
C H Z R N C B I V O S E W
N S E D F W H E R U C L A
S U L C O R T A P A S L F
W A M O T W V C E P P A E
U L D H D O L K I A U W L
G E S A G H R H Y P N H I
N N W T C S S S B P M S G
U E Y A A H E I R L I Y R
R M G O R L I R E E F A I
K E B H Y N E L P G T R V
T V M V Y S I M L E E K K
D D V O I H Y N A E N S F
N E L E H L T R G T S T F
H I S A R L I K C W E N S

93 Passage on Morpheus from *Myths and Legends of Ancient Greece and Rome* by E. M. Berens, 1894

◆

Morpheus, the son of Hypnus, was the god of Dreams. He is always represented winged, and appears sometimes as a youth, sometimes as an old man. In his hand he bears a cluster of poppies, and as he steps with noiseless footsteps over the earth, he gently scatters the seeds of this sleep-producing plant over the eyes of weary mortals. Homer describes the House of Dreams as having two gates: one, whence issue all deceptive and flattering visions, being formed of ivory; the other, through which proceed those dreams which are fulfilled, of horn.

```
F S E M I T E M O S R S S
U W E A R Y K G G U S E U
L H E U S S I E N N D T E
F F T S E Y E V I P E A H
I C O R Y K S I C Y E G P
L V W O A H C T U H S W R
L T L I T E A P D P C V O
E D H U N S T E O E W S M
D S O O R G T C R C H N H
E Y V E S D E E P L G O H
E A E I N E R D P U U I O
C W R A V H S V E S O S M
O L H A H O R N E T R I E
R A S M A E R D L E H V R
P O P P I E S Y S R T L C
```

94

On Nature Worship from *Greece and Babylon: A Comparative Sketch of Mesopotamian, Anatolian and Hellenic Religions* by Lewis Richard Farnell, 1911

Turning our attention now to the early Hellenic world, and to that part of its religion which we may call Nature-worship, we discern certain general traits that place it on the same plane in some respects with the Mesopotamian. Certain of the higher deities show their power in certain elemental spheres, Poseidon mainly in the water, Demeter in the land, Zeus in the air. But of none of these is the power wholly limited to that element: and each has acquired, like the high gods of Assyria and Babylon and Jahwé of Israel, a complex anthropomorphic character that cannot be derived, though the old generation of scholars wearily attempted to derive it, from the elemental nature-phenomenon. Again, other leading divinities, such as Apollo, Artemis, Athena, are already in the pre-Homeric period, as far as we can discern, pure real personalities like Nebo and Asshur, having no discoverable nature-significance at all. Besides these higher cults, we discern a vast number of popular local cults of winds, springs, rivers, at first animistically and then anthropomorphically imagined.

```
V N O I G I L E R O D S R
A S P R I N G S S L I U S
T A E N A L P I I L S E P
T O Z Y E D M M M O C Z H
E A B A N E H T A P E I E
N S R E T V M D G A R D R
T S G R N I E E I S N E E
I Y A N L R R N N S S T S
O R G O I E O W E H T I R
N I C U T D E Z D U L M W
N A Q E I A A F A R U I I
L C M E R I V E R S C L N
A E S I C I N E L L E H D
D O L R S N U M B E R S S
P Y B A B Y L O N T R A P
```

95

The Phoenix from *Age of Fable*
by Thomas Bulfinch, 1855

Most beings spring from other individuals; but there is a certain kind which reproduces itself. The Assyrians call it the Phoenix. It does not live on fruit or flowers, but on frankincense and odoriferous gums. When it has lived five hundred years, it builds itself a nest in the branches of an oak, or on the top of a palm tree. In this it collects cinnamon, and spikenard, and myrrh, and of these materials builds a pile on which it deposits itself, and dying, breathes out its last breath amidst odors. From the body of the parent bird, a young Phoenix issues forth, destined to live as long a life as its predecessor. When this has grown up and gained sufficient strength, it lifts its nest from the tree (its own cradle and its parent's sepulchre), and carries it to the city of Heliopolis in Egypt, and deposits it in the temple of the Sun."

```
E S P R I N G E L D A R C
R I L S N A I R Y S S A E
H L C I N N A M O N K P G
C O S E H T A E R B A N Y
L P R E D E C E S S O R P
U O N T Z X I N E O H P T
P I W I E B R A N C H E S
E L O P A M I D S T P M T
S E R S P T P P O T C Y R
P H G E B S R L N Y I R E
A S M U G E F E E E T R N
L L E S E N R N C A Y H G
M I L S I A U W U R U S T
S V I I P F I T T S A L H
D E P O S I T S D L I U B
```

Sisyphus

- ◊ <u>ABSURD</u> HERO
- ◊ <u>AEOLUS</u>
- ◊ <u>CORINTH</u>
- ◊ <u>CRAFTY</u>
- ◊ <u>EPHYRA</u>
- ◊ <u>ETERNITY</u>
- ◊ <u>HADES</u>
- ◊ <u>HANDCUFFS</u>
- ◊ HUGE <u>BOULDER</u>

- ◊ <u>ISTHMIAN</u> GAMES
- ◊ <u>LABORIOUS</u>
- ◊ <u>NAKED</u> BODY
- ◊ ORACLE OF <u>DELPHI</u>
- ◊ PLEIAD <u>MEROPE</u>
- ◊ <u>ROLLING</u> DOWN
- ◊ <u>SALMONEUS</u>
- ◊ <u>THANATOS</u>
- ◊ <u>UPHILL</u> STRUGGLE

```
Y L V B Y C G F D S B Z R
G A C F B L M E O W D A O
A B S U R D K T V E E Z L
Y O T L N A A K T O L L L
A R A H N N G E L P P E I
R I V T A G R U K L H N N
Y O T H H N S T L O I N G
H U T A I T D I P W B A Y
P S D T O C H C W K H I T
E E Y K L P O A U L Z M F
S E G Y U T U R L F N H A
T V D Z T Y B S I S F T R
S A L M O N E U S N G S C
O B E P O R E M L W T I H
M R E D L U O B C B V H V
```

97   On Helios from *The Mythology of Ancient Greece and Italy* by Thomas Keightley, 1838

◆

Helios, as the god whose eye surveyed all things, was invoked as a witness to solemn oaths. As he was not one of the Olympian gods he was not honoured with temples in Greece, but he had altars at Corinth, Argos, and some other places. The chief seat of his worship was the isle of Rhodes, where stood the celebrated Colossus, or statue of brass seventy cubits high, in his honour. The legend said that, when Zeus and the other Immortals were dividing the earth among them by lot, the Sun happening to be absent got no share. On his reminding Zeus of this, the god was about to make a new allotment, but Helios would not suffer him, saying that he had seen a fertile land lying beneath the 'hoary sea', with which he would be content. The gods then swore that it should be the undisturbed possession of the Sun-god, and the isle of Rhodes emerged from the deep.

```
S S R G T E M P L E S U N
D E N N D S S E N T I W O
H D A I E T S S A R B V I
T O I D G N S I H E K S S
N H P N R E M O Y A U T S
I R M I E M T E I F R A E
R E Y M M T H N F L W E S
O H L E E O T E E O E S S
C T O R A L R N R S F H O
N O O R E L N S E E B P P
M W Y L A A H L R T E A A
S U S R B I Z T A E N E T
R I G O P E I H D N S O G
M O U A U L E G E N D A C
S T E S E C O L O S S U S
```

Birds

- ◊ AETOS DIOS
- ◊ ALECTRYON
- ◊ AETHON
- ◊ AUTONOUS
- ◊ CAUCASIAN EAGLE
- ◊ CORVUS
- ◊ CRANES
- ◊ DIOMEDES
- ◊ HALCYON BIRDS
- ◊ HIPPODAMIA
- ◊ LYCIUS
- ◊ NYCTIMENE
- ◊ OENOE
- ◊ OWL OF ATHENA
- ◊ PHILOMELA
- ◊ STRIX
- ◊ SWANS OF APOLLO
- ◊ TEREUS

```
E P E N G N X S U I C Y L
Z A E Y O Y L I Y M U H N
L S G S R Y U E R D V I R
N C P L W M C V H T G P C
A M H A E A E L W O S P A
E M I L G A N Y A O U O E
T I L E K N R S T H E D T
H B O C A Y T G K S R A O
O S M T U C S C E U E M S
N U E R T T A D S F T I D
H V L Y O I E O L I N A I
E R A O N M O D E R A P O
O O A N O E C R A N E S S
E C K I U N W F G C O M T
N M D D S E K S W L H E L
```

Book XI from *The Odyssey* by Homer, translated by Samuel Butler, 1900

◆

"So I <u>drew</u> back, and sheathed my <u>sword</u>, whereon when he had <u>drank</u> of the blood he began with his <u>prophecy</u>.

"'You <u>want</u> to know,' said he, 'about your <u>return</u> home, but <u>heaven</u> will make this hard for you. I do not <u>think</u> that you will <u>escape</u> the <u>eye</u> of <u>Neptune</u>, who still <u>nurses</u> his bitter <u>grudge</u> against you for having <u>blinded</u> his son. Still, after much <u>suffering</u> you may get home if you can <u>restrain</u> yourself and your companions when your <u>ship</u> reaches the <u>Thrinacian</u> island, where you will find the <u>sheep</u> and <u>cattle</u> belonging to the <u>sun</u>, who sees and <u>gives</u> ear to everything. If you leave these <u>flocks</u> unharmed and think of <u>nothing</u> but of <u>getting</u> home, you may yet <u>after</u> much hardship reach <u>Ithaca</u>; but if you <u>harm</u> them, then I <u>forewarn</u> you of the <u>destruction</u> both of your ship and of <u>your men</u>.

```
N O I T C U R T S E D S L
N R A W E R O F D R O W S
S U F F E R I N G E H V S
U Y M R A H G T U T Y E S
N C C R D N E H Y U S E K
N E A E T E T R O R B G C
E H T S N P T I U N L N O
V P T T A T I N R E I I L
A O L R W U N A S E N H F
E R E A G N G C M G D T I
H P W I K E A I E D E O R
Y E V N Z P S A N U D N E
W E R D E H K N A R D V T
S H T H I N K O M G L N F
R S S P O C N I T H A C A
```

◇ ALPHABET

◇ APOLLO'S CATTLE

◇ CADUCEUS

◇ COMMERCE

◇ CUNNING

◇ DIVINE HERALD

◇ FERTILITY

◇ HELMET

◇ INVENTED COINS

◇ MERCURY

◇ MESSENGER OF ZEUS

◇ PERSEUS

◇ PSYCHOPOMP

◇ QUICK WIT

◇ ROOSTER

◇ SHREWD

◇ SLAYER OF ARGUS

◇ TALARIA

```
D F B D E R I H N E C O A
W L V L B I B U E Y V I I
E N I A R G U S C L R Z L
R M P R Q O O A O A M M E
H O E E F U D R L Z Z E L
S L R H G U I A G A B R T
R F S E C C T C M Z D C T
O R E E G U O N K E T U A
O O U R L N A M S W W R C
S S S F T N E Y M N I Y E
T U N S D I L S A E I T T
E L F D V N L M S H R O F
R G D S I G D I F E Y C C
A L P H A B E T T G M Y E
L O P M O P O H C Y S P B
```

101   On Dionysus from *The Golden Bough: A Study of Magic and Religion* by Sir James George Frazer, 1890

◆

Dionysus was believed to have died a violent death, but to have been brought to life again; and his sufferings, death, and resurrection were enacted in his sacred rites… Zeus in the form of a serpent visited Persephone, and she bore him Dionysus, a horned infant. Scarcely was he born, when the babe mounted the throne of his father Zeus and mimicked the great god by brandishing the lightning in his tiny hand. But he did not occupy the throne long; for the treacherous Titans, their faces whitened with chalk, attacked him with knives while he was looking at himself in a mirror. For a time he evaded their assaults by turning himself into various shapes, assuming the likeness successively of Zeus and Cronus, of a young man, of a lion, a horse, and a serpent. Finally, in the form of a bull, he was cut to pieces by the murderous knives of his enemies.

```
F P E R S E P H O N E V D
N O I L N S S D E B H I N
E S R O H H N I N R U O A
D K R A D C A O A O A L H
R H P E B H T N C U Y E L
T E R A M A I Y T G H N N
S O B O U L T S E H T T E
B E P G R K P U D T A N T
O H C R D R N S E C E I P
C O R S E V I N K M D G O
C R O E R M I M I C K E D
U N N T O S S E N E K I L
P E U I U A S S A U L T S
Y D S R S L T N E P R E S
G N I N T H G I L S U E Z
```

◊ AETERNAE

◊ AMALTHEA

◊ AMPELOS

◊ BASILISK

◊ CATTLE OF HADES

◊ CERASTES

◊ CERCOPES

◊ GADFLIES

◊ GOLDEN DOG

◊ HARPY

◊ HYDRA

◊ KARKINOS

◊ MINOTAUR

◊ MYRMEKES

◊ OCYRHOE

◊ PHOENIX

◊ RHEA'S LIONS

◊ SATYR

```
R U A T O N I M A N S Y H
D C Y S T M Y R M E K E S
F A S P Z I D U U R G Z V
D T E H S Y W S R O E R W
R T I O H A M A L T H E A
H L L E H O A D S K K E A
E E F N P R E M S M T G Y
A O D I S N Y I P E V S G
S F A X D E L C R E G E Y
L H G O E I T N O C L P K
I A G H S K A S I L R O F
O D E A A E I W A A A C S
N E B K T G U C H R E R S
S S L H Y P Z D F V E E H
O C K A R K I N O S K C U
```

Children of Zeus

◊ APOLLO

◊ ARES

◊ ATHENA

◊ DIKE

◊ EILEITHYIA

◊ EIRENE

◊ ENDYMION

◊ ERSA

◊ EUNOMIA

◊ HEBE

◊ HELEN

◊ HEPHAESTUS

◊ HERMES

◊ HORAE

◊ LITAE

◊ NEMEA

◊ PAN

◊ PERSEUS

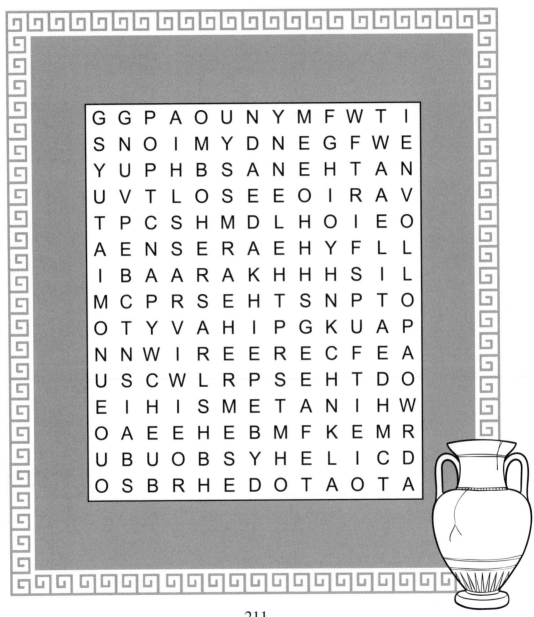

```
G G P A O U N Y M F W T I
S N O I M Y D N E G F W E
Y U P H B S A N E H T A N
U V T L O S E E O I R A V
T P C S H M D L H O I E O
A E N S E R A E H Y F L L
I B A A R A K H H H S I L
M C P R S E H T S N P T O
O T Y V A H I P G K U A P
N N W I R E E R E C F E A
U S C W L R P S E H T D O
E I H I S M E T A N I H W
O A E E H E B M F K E M R
U B U O B S Y H E L I C D
O S B R H E D O T A O T A
```

211

104   Jason's return from *The Heroes or Greek Fairy Tales for my Children* by Charles Kingsley, 1889

◆

They ran the ship <u>ashore</u>; but they had no <u>strength</u> left to <u>haul</u> her up the <u>beach</u>; and they crawled out on the <u>pebbles</u>, and sat down, and wept till they could weep no more…And the people <u>crowded</u> round, and <u>asked</u> them '<u>Who</u> are you, that you sit <u>weeping</u> here?'

'We are the <u>sons</u> of your princes, who <u>sailed</u> out many a <u>year</u> ago. We went to fetch the <u>golden</u> fleece, and we have brought it, and <u>grief</u> therewith. Give us <u>news</u> of our <u>fathers</u> and our <u>mothers</u>, if any of them be left <u>alive</u> on <u>earth</u>.'…

And <u>Jason</u> fell down at his father's <u>knees</u>, and wept, and called him by his name. And the old man <u>stretched</u> his <u>hands</u> out, and felt him, and <u>said</u>, 'Do not <u>mock</u> me, young <u>hero</u>. My son Jason is <u>dead</u> long ago at sea.'

'I am your <u>own</u> son Jason; and I have <u>brought</u> home the golden <u>fleece</u>, and a <u>princess</u> of the Sun's <u>race</u> for my <u>bride</u>.' Then his father <u>clung</u> to him like a <u>child</u>, and <u>wept</u>, and <u>would</u> not let him go.

N	E	D	L	O	G	E	R	O	H	S	A	O
G	F	A	T	H	E	R	S	H	C	A	E	B
R	S	R	E	H	T	O	M	K	D	A	E	D
I	T	S	O	N	S	A	H	N	E	W	S	O
E	R	S	A	I	L	E	D	E	Y	J	W	B
F	E	D	L	I	H	C	S	E	A	N	R	S
U	N	Y	V	A	L	E	A	S	G	O	S	O
D	G	E	U	U	L	R	O	N	U	E	R	E
L	T	L	N	B	E	N	I	G	C	E	S	D
U	H	G	B	A	K	P	H	N	H	F	A	I
O	Z	E	R	C	E	T	I	B	W	L	I	R
W	P	T	O	E	C	R	O	W	D	E	D	B
H	H	M	W	S	P	E	C	A	R	E	P	E
O	D	E	H	C	T	E	R	T	S	C	M	T
D	E	K	S	A	S	D	N	A	H	E	S	N

105 Apollo

- ◊ ARCHERY
- ◊ ARTEMIS
- ◊ ASCLEPIUS
- ◊ BEARDLESS
- ◊ BEAUTIFUL
- ◊ DAPHNE
- ◊ DELOS
- ◊ ETERNAL YOUTH
- ◊ FOUR ROMANCES
- ◊ GOLDEN SWORD
- ◊ HYACINTHUS
- ◊ KOUROS
- ◊ LAUREL WREATH
- ◊ LETHAL ARROWS
- ◊ MUSIC
- ◊ PHOEBUS
- ◊ PROPHECY
- ◊ SACRED ANIMALS

```
D S D S U B E O H P U L U
R S L B Z M I A L T U H V
O E N H P A D A M P U R G
W L A S C L E P I U S O A
S D W L E R U A L S A Z Y
A R Y F P O A A U M I S B
N A R A L M L H Y U B O E
I E E Y N A T Y C S A L A
M B H P V N B I E I R E U
A W C I I C L K H C T D T
L S R C K E N O P G E M I
S I A U T S N U O N M U F
C Y V H F U Z R R R I U U
H K A L M O S O P O S A L
A L R M V Z S S A O A S K
```

On Athena from *Greece* by
James A. McClymont, 1906

Among the influences which contributed to the greatness and glory of Athens the worship of the goddess Athena must be assigned a principal place. In her fully developed character she represented the highest ideal of the Greek mind, and formed the noblest figure in the Greek pantheon. She may be described as the impersonation of wisdom, courage, and energy — equally powerful as the patron goddess of the arts of peace and of the exploits of war. The mythical account of her birth, which represented her as sprung from the head of Zeus after he had swallowed her mother Metis ("Counsel"), betokened her affinity with the highest faculties of the supreme Ruler; and in harmony with this is the ethereal nature, which was commonly ascribed to her by Homer and other early writers. Her home was supposed to be in the upper regions, the ether being regarded as her proper element. Hence the clearness and brightness which were commonly attributed to her, as well as the keen, rapid, energetic character by which she was also distinguished.

T	S	E	H	G	I	H	Z	P	E	W	K	R
E	P	O	W	E	R	F	U	L	I	Z	N	A
L	K	H	Y	U	Z	U	E	S	N	E	F	W
R	A	O	A	E	F	M	D	O	E	N	L	Y
E	Y	P	U	R	E	O	B	K	O	S	H	T
T	G	S	I	N	M	L	W	E	R	N	T	I
C	R	S	T	C	E	O	H	O	M	E	R	N
A	E	E	Y	S	N	T	N	E	N	H	I	I
R	N	N	T	L	N	I	T	Y	A	T	B	F
A	E	T	T	A	L	I	R	S	T	A	V	F
H	A	H	P	D	S	U	V	P	U	N	E	A
C	M	G	T	M	L	L	F	M	R	V	C	L
Y	O	I	I	E	I	A	T	H	E	N	A	S
A	N	R	R	A	G	N	U	R	P	S	E	O
M	G	B	E	M	O	H	D	R	E	P	P	U

- ATHENA
- BULL
- CHARIOT
- DISGUISES
- EAGLE
- GANYMEDE
- GIVER OF WIND
- GUARDIAN OF TROPHIES
- HADES

- HERA
- LEADER OF THE FATES
- OAK
- PEGASUS
- SEVEN WIVES
- SKY FATHER
- STOLE FIRE FROM MAN
- SUPREME
- THUNDERBOLT

```
T V Y E N R E H T A F B S
O I A N O V M V P T I E H
I E O B U F E L R K Z T D
R D F I R E R O C G I H F
A E A G L E P L T I C U D
H M L B F H U F N K F N O
C Y R E I A S D S O I D Y
N N M E A U T E R W H E H
B A S D S N S E S G E R A
A G K A V I E R S Z R B D
K R G H U S E H H I M O E
H E E G Z E U W T N V L S
P T S H M V L G G A G T O
I I B E P I L L U B B A E
D B P P B W A G Z C K P E
```

108   Perseus and Medusa from *Gods and Heroes: Life Stories for Young People* by Schmidt and Becker (Translator: George P. Upton), 1912

◆

When <u>Perseus</u> reached his young <u>manhood</u>, he surpassed everyone in <u>skill</u> and dexterity in <u>martial</u> sports. Polydectes conceived <u>evil</u> <u>designs</u> against the <u>innocent</u> Danaë [his mother], and as he <u>feared</u> Perseus he decided to send him out of the <u>country</u>. In his <u>youthful</u> presumptuousness Perseus said: "Whatever you wish I <u>promise</u> to do. <u>Even</u> should you <u>request</u> the <u>head</u> of the <u>Gorgon</u>, I would <u>procure</u> it for you."...

How astonished <u>Polydectes</u> was when he <u>saw</u> the <u>hero</u> returning whose <u>death</u> he had <u>wished</u>! Perseus held the head of <u>Medusa</u> before the <u>king</u>. The <u>sight</u> of it turned him to <u>stone</u> instantly. When Polydectes had thus been <u>punished</u>, Perseus gave the Medusa's head to <u>Athene</u>, who fastened it in the <u>middle</u> of her <u>breastplate</u>.

```
A D M H T A E D E H S I W
P E I D E S I G N S N R L
F R D O P T B A P E P S U
E A D W A S S U V T O E F
N E L G I L N E N K L R H
E F E G O I L E U Y Y U T
H A H S S R C I R Q D C U
T T L H I O G T K G E O O
A E E A N M N O N S C R Y
L D C N I U O I N U T P Y
I V I G O T K R G E E L O
V R C C L T R T P S S H R
E T A L P T S A E R B E E
E I C A S U D E M E Y A H
U U D O O H N A M P C D L
```

◊ AMPHITRITE

◊ CETO

◊ CREATURES OF THE DEEP

◊ DEPTHS

◊ DOLPHIN RIDING

◊ GRAEAE

◊ LEUCOTHEA

◊ NEREUS

◊ OCEANUS

◊ PALAEMON

◊ PHORCYS

◊ PROTEUS

◊ SEA NYMPHS

◊ SERPENTS

◊ SIRENS

◊ THETIS

◊ TRIDENT

◊ TRITON

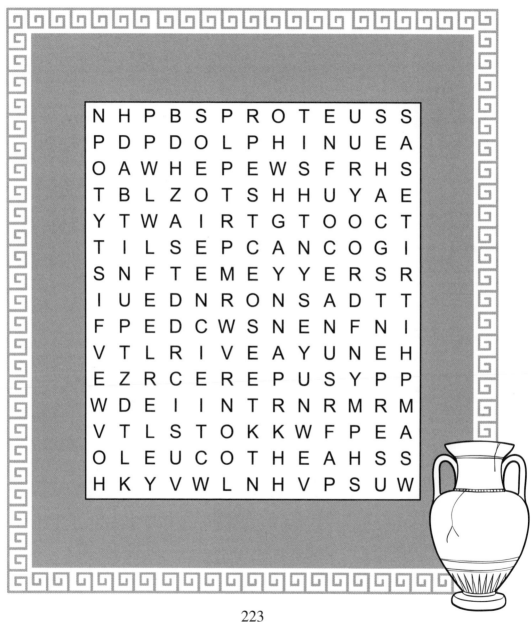

```
N H P B S P R O T E U S S
P D P D O L P H I N U E A
O A W H E P E W S F R H S
T B L Z O T S H H U Y A E
Y T W A I R T G T O O C T
T I L S E P C A N C O G I
S N F T E M E Y Y E R S R
I U E D N R O N S A D T T
F P E D C W S N E N F N I
V T L R I V E A Y U N E H
E Z R C E R E P U S Y P P
W D E I I N T R N R M R M
V T L S T O K K W F P E A
O L E U C O T H E A H S S
H K Y V W L N H V P S U W
```

◆

Few are so well-trained as to be able to see any event quite as it is without reading into it something which exists only in their own fancy; and this applies much more strongly to events which are not seen but remembered, and most strongly of all to those which are not remembered but told by another. A story handed down from father to son is rapidly altered in two ways; real details are forgotten and unreal ones are added. These additions, being imaginary, are almost invariably of a picturesque kind, attractive to the teller or the hearer, or both; and the omissions are especially of details which teller and hearer alike find dry, such as dates, geographical minutiae (except those of a well-known locality, which are generally found interesting), exact figures of all kinds, economic facts, and the doings and sayings of commonplace people.

```
A Y R O T S D Y C N A F D
L D E D N A H F S Y A W N
L S D K T P L I M U C H U
C N K E I P O G D I N T O
I O S R D L C U N E E S F
M I D E N I A R T L L E W
O S E M O E L E S P G F E
N S R E D S I S P O R A A
O I E M S R T E V E N T I
C M T B T A Y R H P A H T
E O L E N H Y T O L D E U
H E A R E R O I Y N L R N
G L A E R N U S N L G N I
K I N D A A B L E G N L M
I M A G I N A R Y C S O Y
```

- ◊ ALOADAE GIANTS
- ◊ APOLLO
- ◊ ARROW
- ◊ BEAR CULT
- ◊ CALYDONIAN BOAR
- ◊ CERYNEIAN HIND
- ◊ CHASTITY
- ◊ CHILDBIRTH
- ◊ DIANA

- ◊ GOOD OMEN
- ◊ GREAT TEMPLE AT EPHESUS
- ◊ HIND-DRAWN CHARIOT
- ◊ KILLED ORION
- ◊ MIDWIFE
- ◊ MISTRESS OF ANIMALS
- ◊ TEN PROMISES
- ◊ THE MOON
- ◊ THE WILDERNESS

```
I N O I R O V W Y S C C S
N N A I E N Y R E C N S D
E B M S K E V G V B E O B
N E N A D A K K E N V B U
N S Y E V D F A R N Y O E
M E I V M A R E F N S W H
I P Y C K O D C W L P T P
D H F B E L H A A R R L M
W E T T I A R M O I A Z K
I S P W S D I M B R R M Y
F U A T D N I D D C R M Y
E S I N A S L O L L O P A
Z T I E E I T N F O W Z V
Y H B S H S O A N A I D T
Y F R C A L Y D O N I A N
```

Solutions

1

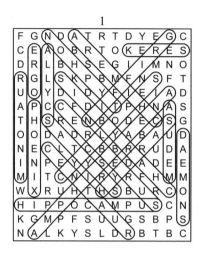

2

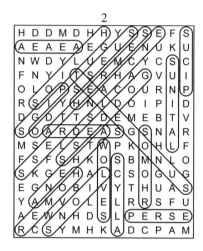

3

4

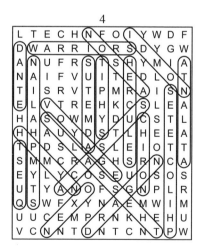

Solutions

◆

5

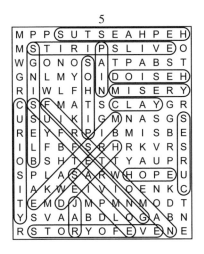

6

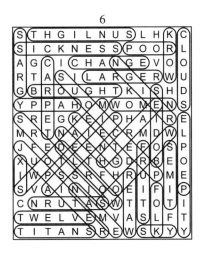

7

8

Solutions

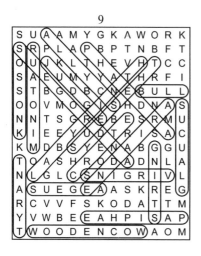

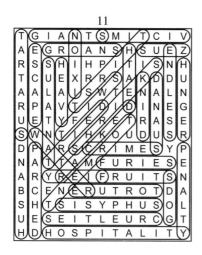

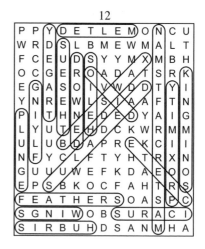

Solutions

◆

13

14

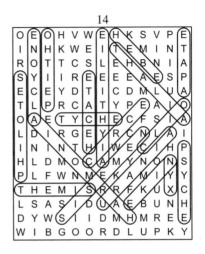

15

16

Solutions

17

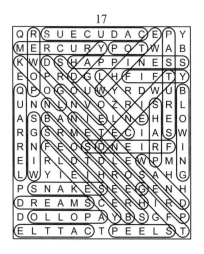

18

19

20

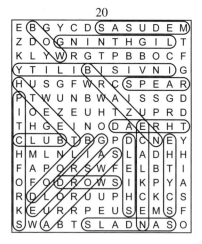

Solutions

♦

21

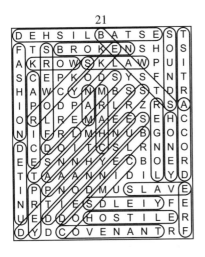

22

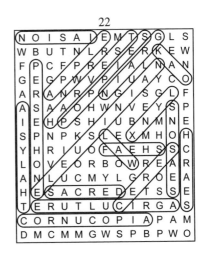

23

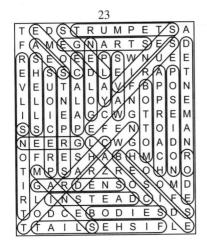

24

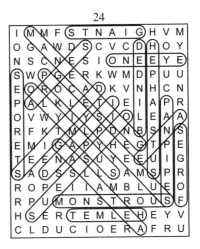

Solutions

25

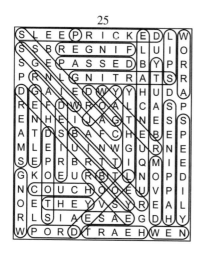

26

27

28

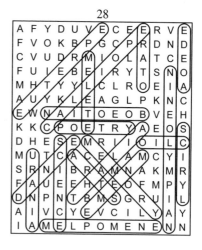

Solutions

◆

29

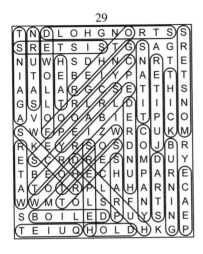

30

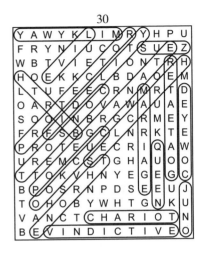

31

32

Solutions

33

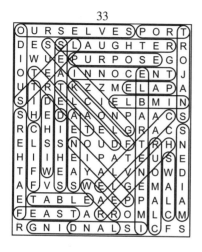

34

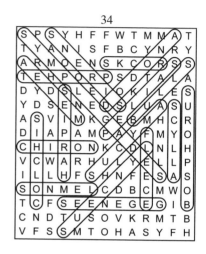

35

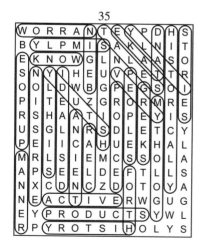

36

Solutions

37

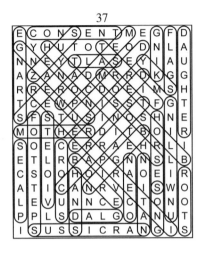

38

39

40

Solutions

◆

41

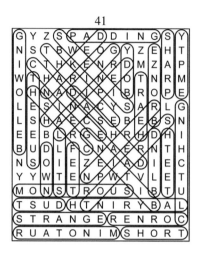

42

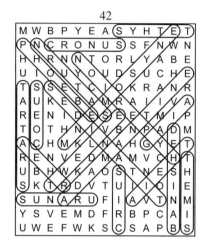

43

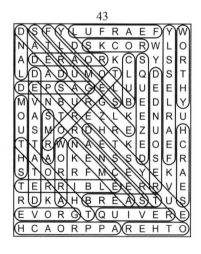

44

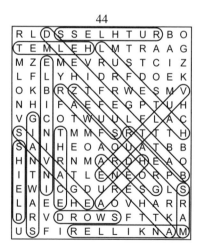

Solutions

45

46

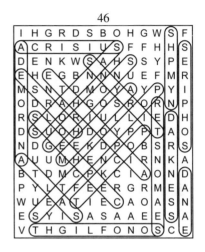

47

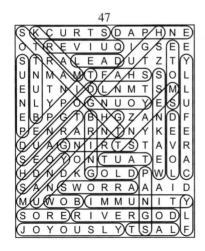

48

Solutions

◆

49

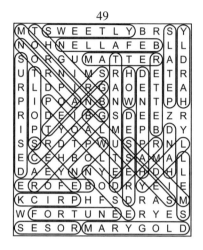

50

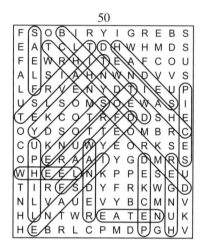

51

52

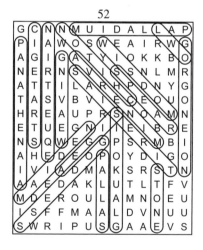

Solutions

◆

53

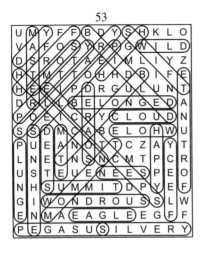

54

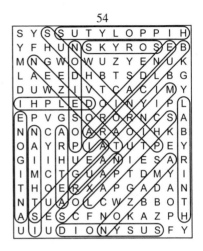

55

56

Solutions

◆

57

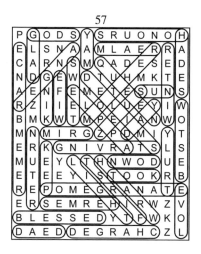

58

59

60

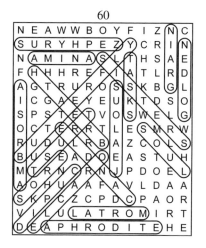

Solutions

61

62

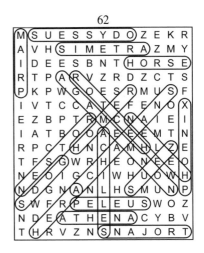

63

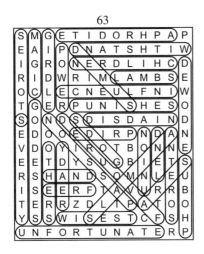

64

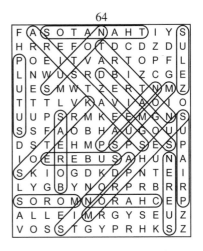

Solutions

◆

65

66

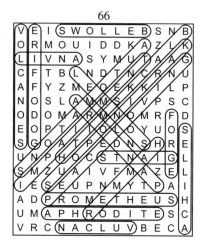

67

68

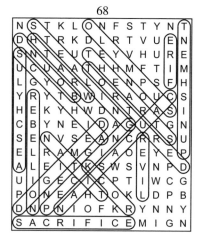

Solutions

◆

69

70

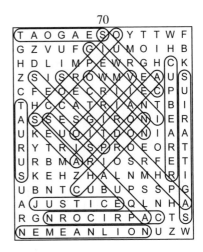

71

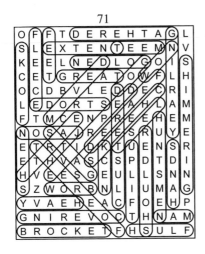

72

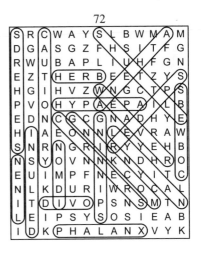

Solutions

◆

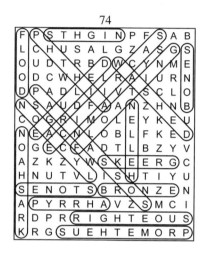

Solutions

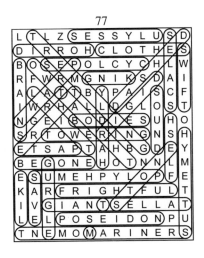

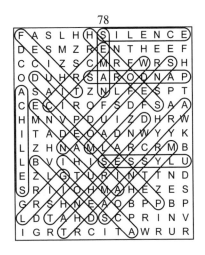

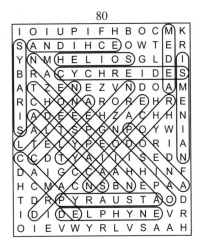

Solutions

81

82

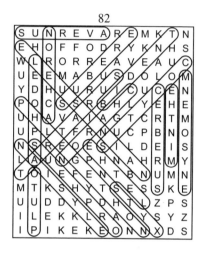

83

84

Solutions

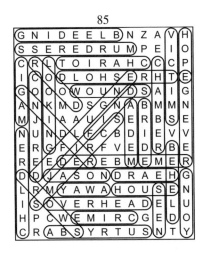

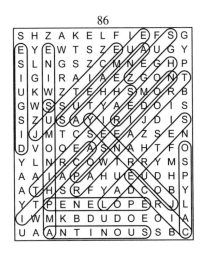

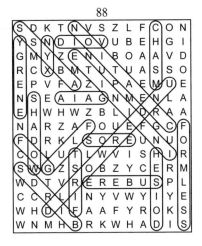

Solutions

◆

89

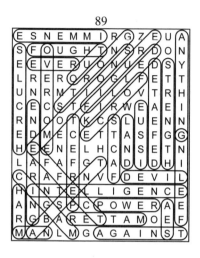

90

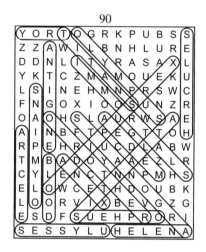

91

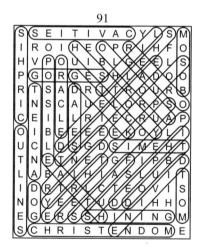

92

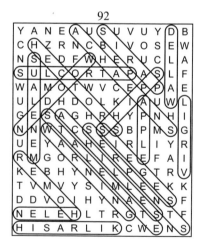

Solutions

93

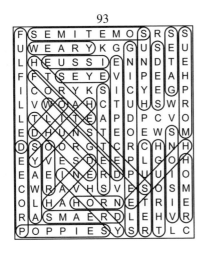

94

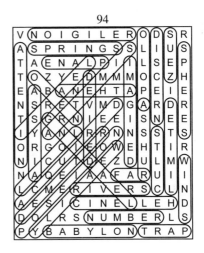

95

96

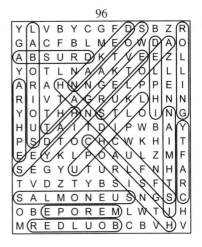

Solutions

97

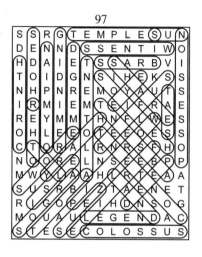

98

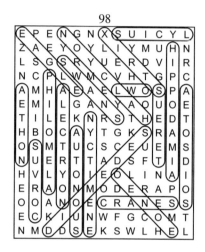

99

100

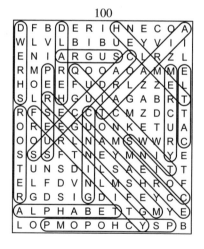

Solutions

101

102

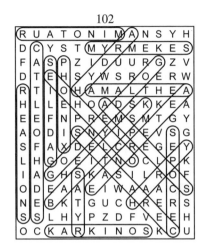

103

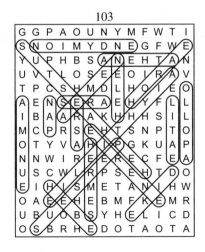

104

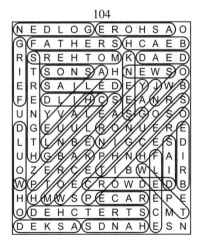

Solutions

105

106

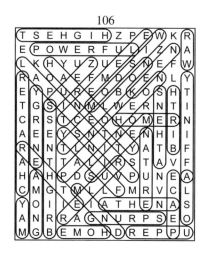

107

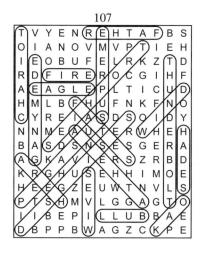

108

Solutions

◆

109

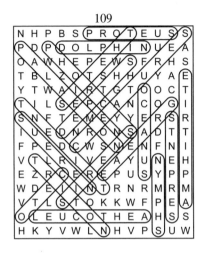

110

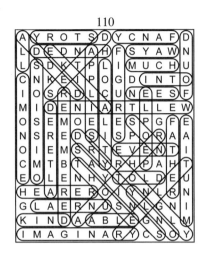

111

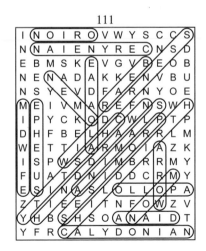